☆ はじめに ☆

わたしたちは、日々、ことばを使っています。「話す」、「聞く」そして、「読む」、「書く」です。しかし、それよりも大切なことは、ことばで物事を考えるということです。

今、子どもたちに必要な力として、「読解力」や「自己表現（発信）力」などが課題と強調されていますが、これらの大木になるのが読み書きを中心とした国語力を育てることでしょう。

わたしたちは、豊かな言語活動を進めるために、本書『ことばの習熟プリント　あそび編』シリーズを作成しました。

低学年、中学年、高学年と、それぞれの子どもの発達に応じて、より楽しく興味・関心を持って学習が進むように編集しました。

一日一ページ、ことばの楽しさ、面白さを味わいながら学習を進めていただきたいのです。それに加え、子どもたちには読書をする機会をたくさん与え、少しでも論理的思考力が身につくことを願っています。

☆『ことばの習熟プリント　あそび編（高学年）』特長 ☆

小学校の国語の学習に漢字の学年配当はありますが、ことば（語句）の配当はありません。

ですから、語句の習得は子どもたち自身にまかされています。

三重苦の少女、ヘレンケラーは生後まもなく、病気により視力〈見る力〉、聴力〈聞く力〉を失い、話すこともできませんでした。そのため、気に入らなければあたりちらし、楽しければ喜ぶといった感情だけの生活をしていました。

しかし、7歳のとき、サリバン先生と出会い、全てのものに名前があることを知りました。

それからというもの、ことばをどんどん吸収していきました。そして、思考力により感情をコントロールできて、ようやく人間らしい暮らしぶりになりました。

私たちは毎日、ことばを使って生活しています。小学生くらいから、学校・家庭生活ともに言語活動が盛んになり、乾いた布が水を吸い込むように、大変な速さでことばを収得していきます。

この時期に、次に示されているような種々の言語活動に取り組み、ことばに興味・関心を持たせ、さらに語彙力〈ことばの数とその使い方〉が高められることを願っています。

☆　脳トレーニング〈なぞなぞ・パズル・クロスワードなど〉

☆　２つ以上合わさった語の持つ意味〈ことわざ・慣用句・故事成語・四字熟語など〉

☆　漢字学習〈部首、成り立ち、同音異義語・同訓異字語など〉、

トレーニングの中に辞書を使う作業がありますが、辞書を身近において、どんどん使ってほしいと思います。

辞書で調べたことばに――線をひいたり、そのページにふせんをはったりしておくと、自分の学習の記録にもなります。

各ページの★印は、難易度を表しており、★は5年生、★★は6年生が対象です。

最後になりましたが、子どもたちには読書の機会をうんと与えてやっていただきたいと思います。

☆ことばの習熟あそび編高学年　もくじ

仲間はずれはどれ？①

名前

月　日

次の五つの言葉の中に、下の言葉と意味と異(こと)なったものが一つあります。その言葉に□をつけましょう。

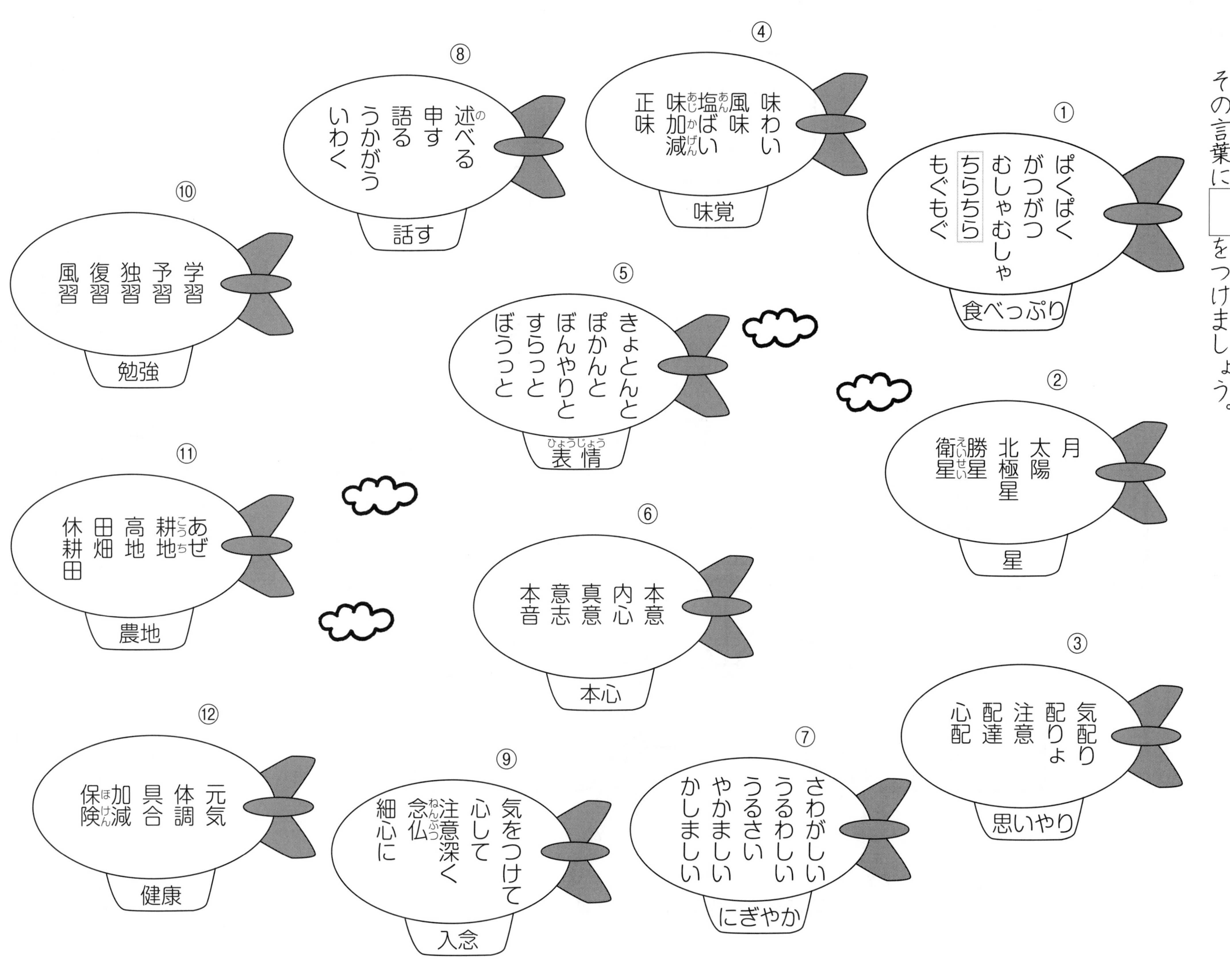

仲間はずれはどれ？ ②

名前

月　日

1 次の五つの言葉の中に、意味が異（こと）なったものが一つあります。それを見つけて①のように□で囲（かこ）み、その言葉の最初の文字（ひらがな）を（　）に書きましょう。

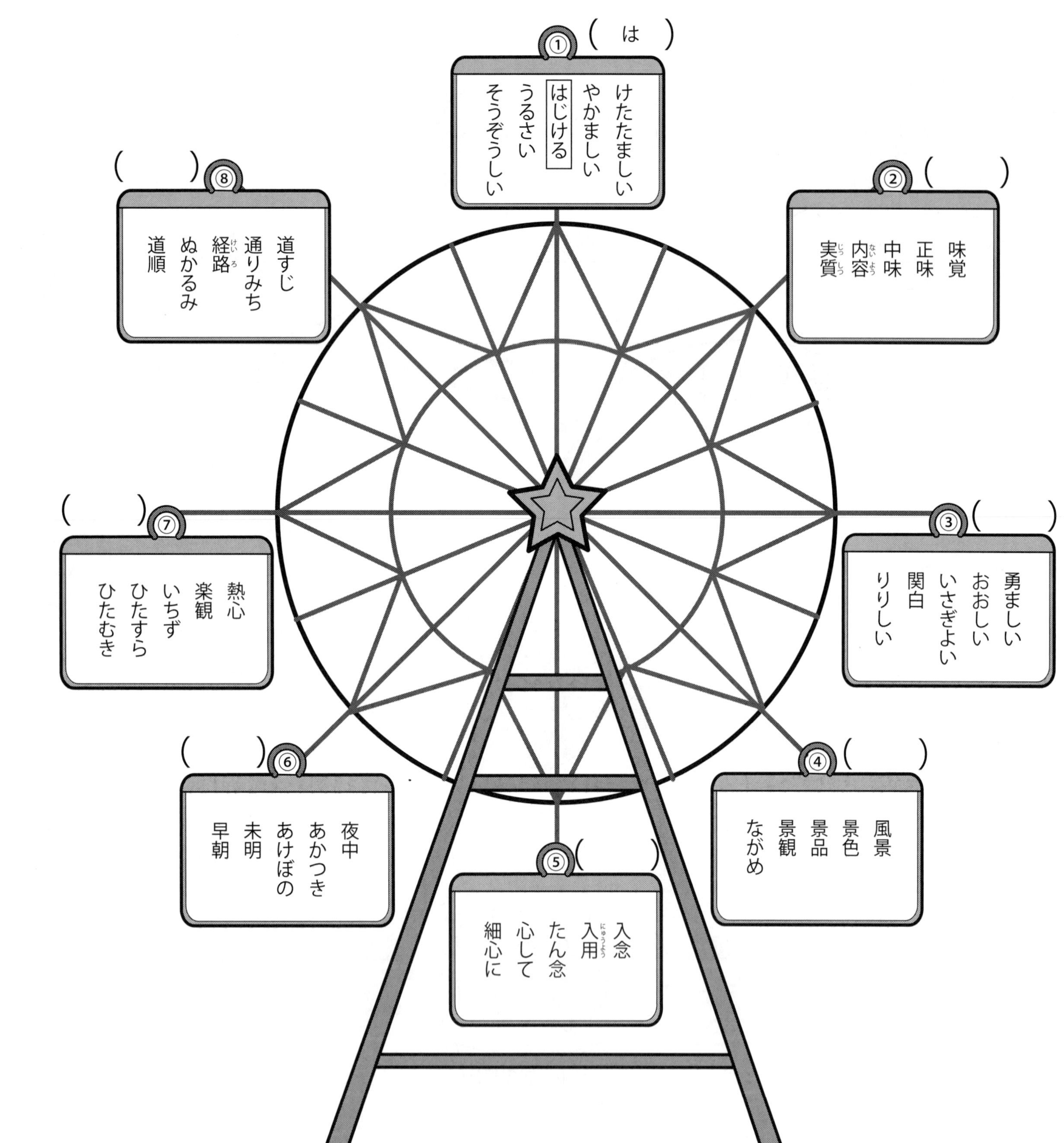

2 ①〜⑧の見つけたかなを次の○に書いて、文を完成させましょう。

人 ①（は） ②（　） ③（　） ④（　） ⑤（　） ⑥（　） ⑦（　） ⑧（　）

接頭語・接尾語 ①

名前　　　　　　月　　日

□ 接頭語とは、言葉の頭につき、次のようなはたらきをします。

㋐ **意味を加える**……**素**早い（とても早い）　**小**高い（少し高い）

㋑ **後の意味を強める**…**真っ**逆さま　車で**すっ**とばす

㋒ **意味を変える**……**非**常識（常識がない）　**未**公開（まだ公開されていない）

無事故（事故がない）　**不**自然（自然でない）

1 次の言葉の接頭語は右の㋐～㋒のどれにあたるか、（　）に記号で書きましょう。

① 真っ白（　）　② こおどり（　）　③ 不完全（　）

④ 無資格（　）　⑤ ぶん回す（　）　⑥ 非礼（　）

⑦ か弱い（　）　⑧ 未満（　）　⑨ 素顔（　）

2 次の言葉の接頭語に～～～を引き、そのはたらきを□から選んで（　）に記号で書きましょう。

① 小高い（　）　② 素足（　）

③ たやすい（　）

㋐ とても
㋑ 何もつけていない
㋒ 少し

3 次の□に合う言葉を□から選んで書きましょう。

① 不□　② 不□

③ 非□　④ 未□

⑤ 未□　⑥ 無□

常　合格　成年　自然　完成　農薬

接頭語・接尾語 ②

名前

月　日

□ 接尾語（せつびご）とは、言葉の後ろにつき、次のようなはたらきをします。

㋐ **意味を加える**……………私たち　との様
㋑ **言葉のはたらきを変える**………深い―深さ　春―春めく　男―男らしい
㋒ **言葉のはたらきを変える漢字**……〇〇性（せい）　〇〇化　〇〇的
㋓ **人や職業（しょくぎょう）を表す漢字**…………〇〇民　〇〇事

1 次の言葉の接尾語は右の㋐～㋓のどれにあたるか、（　）に記号で書きましょう。

① ぼくら（　）
② 年よりらしさ（　）
③ 強がる（　）
④ 機械化（　）
⑤ 神戸市民（　）
⑥ 神秘的（しんぴてき）（　）
⑦ 赤っぽい（　）
⑧ 悪ぶる（　）
⑨ 若者ら（わかものら）（　）

2 次の□にあてはまる言葉を□から選んで書きましょう。

① 俳（はい）□
② 君□
③ 詩□
④ 若□
⑤ 画□
⑥ 国□
⑦ 落語□
⑧ 電□
⑨ 漁□
⑩ 飛行□
⑪ 投□
⑫ 化学□

家	民	者	子	師（し）
化	士（し）	手	人	

接頭語・接尾語 ③

名前

月　日

1 次の漢字の頭に、「非」や「未」をつけて熟語を完成させましょう。

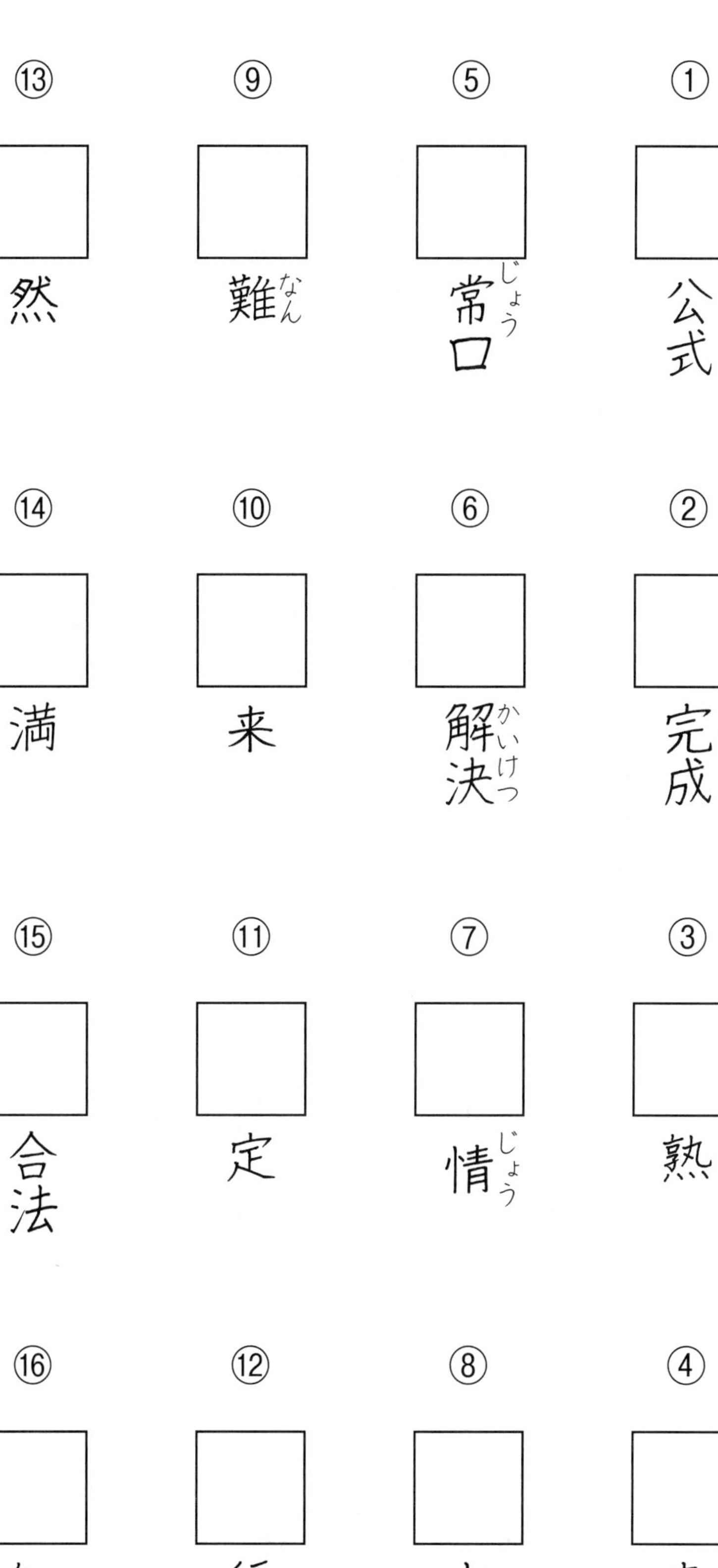

① □公式
② □完成
③ □熟
④ □売品
⑤ □常口
⑥ □解決
⑦ □情
⑧ □力
⑨ □難
⑩ □来
⑪ □定
⑫ □行
⑬ □然
⑭ □満
⑮ □合法
⑯ □知

2 次の漢字のあとにあてはまる接尾語を、□から選び書きましょう。

① 漁　医　教　□
② 運転　操縦　消防　□
③ 探検　書　音楽　□
④ 電　有料　活性　□
⑤ 使　著　信　□

化　士　師　家　者

和語・漢語・外来語 ①

名前

月　日

私たちが使っている日本語は、主に次の三つに分けられます。

◎「**和語**」…もともと日本にあった言葉。**漢字は訓読み**が多い。

◎「**漢語**」…古い時代に中国から伝わった言葉。また、漢字を使って日本で作られた言葉。**漢字は音読み**が多い。

◎「**外来語**」…中国以外の国から伝わってきた言葉。主に**かたかな**で書く。戦国時代のポルトガル語、江戸時代のオランダ語、明治以降の英語など。

1　次の言葉を分類しましょう。（　）に㋻（和語）、㋕（漢語）、㋞（外来語）と書きましょう。

①（　）感動　②（　）フランスパン　③（　）美しい

④（　）公園　⑤（　）和服　⑥（　）バイオリン

2　次の――の和語とよく似た漢語を、□から選んで書きましょう。

① 学校のまわりを一周してください。↓［　］

② 君の考えをまとめておいてくださいね。↓［　］

③ サクラの花はいつ開くのだろうか。↓［　］

④ 海でおぼれそうになって助けられる。↓［　］

⑤ うまくいい訳を考えて、母からにげた。↓［　］

⑥ 大雨が降ったので体育会は取りやめになった。↓［　］

中止　救助　周囲　開花　意見　口実

3　次の熟語のうち、㋻（和語）、㋕（漢語）と書き、〔　〕に読みがなを書きましょう。

①
㋐ 原野（　）〔　〕
㋑ 野原（　）〔　〕

②
㋐ 品物（　）〔　〕
㋑ 物品（　）〔　〕

和語・漢語・外来語 ②

名前

月　日

1 次の熟語(じゅくご)を、和語と漢語に分けましょう。

和語
漢語

北極　名札　植物　川上　救助(きゅうじょ)　食べ物

2 和語と漢語で読みましょう。和語にはひらがな、漢語にはカタカナで書きましょう。

① 風車　和語（　）漢語（　）
② 音色　和語（　）漢語（　）
③ 雨水　和語（　）漢語（　）
④ 牧場　和語（　）漢語（　）
⑤ 色紙　和語（　）漢語（　）
⑥ 内海　和語（　）漢語（　）

3 次の――の言葉を、外来語で書きましょう。

① テレビの宣伝(せんでん)（　）
② カレーを食べるさじ（　）
③ 野菜のおしる（　）
④ 夕食の食(しょく)たく（　）
⑤ 学校の運動場（　）
⑥ 野球の投手（　）

和語・漢語・外来語 ③

名前　　　　月　　日

外国からやって来て日本語になった言葉（辞書によってあつかいは異なる）

（室町～戦国時代）**ポルトガル語**　：　カッパ　ボタン　カボチャ　カステラ　など
（江戸時代）**オランダ語**　：　ランドセル　ガラス　コーヒー　アルコール　など
（明治以降）**英語**　：　テレビ　スカート　ハンカチ　セーター　など
（その他）　音楽に関する言葉はイタリア語、料理はフランス語など

❀ 次の外来語の意味を、[　]から選んで記号を[　]に書きましょう。

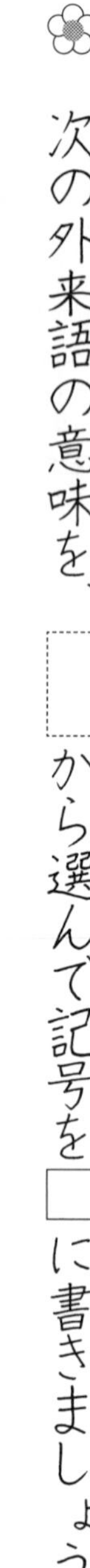

① [　] コック（オランダ語）

② [　] ビール（オランダ語）

③ [　] ピエロ（フランス語）

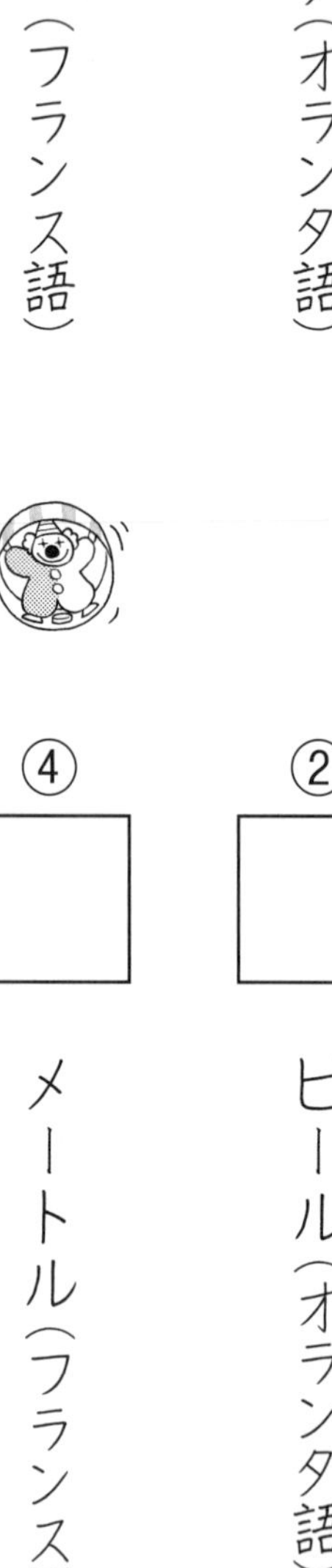

④ [　] メートル（フランス語）

⑤ [　] トロイカ（ロシア語）

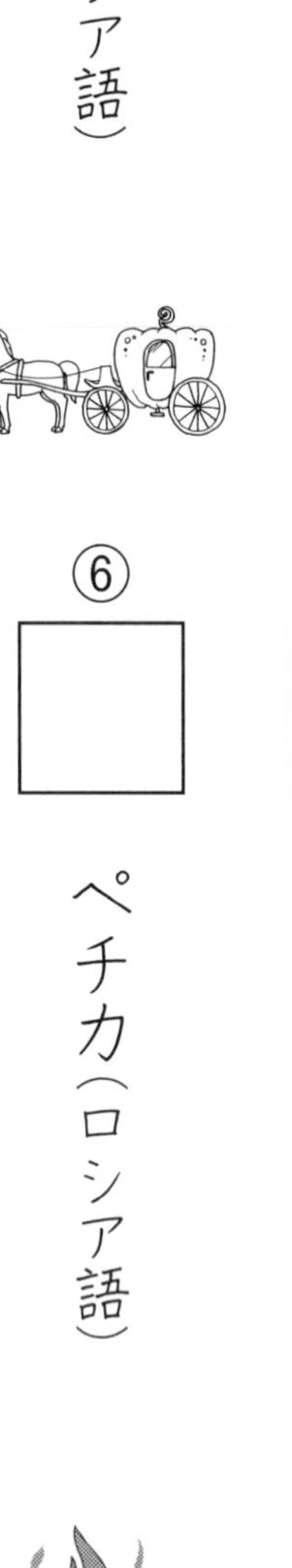

⑥ [　] ペチカ（ロシア語）

⑦ [　] スパゲッティ（イタリア語）

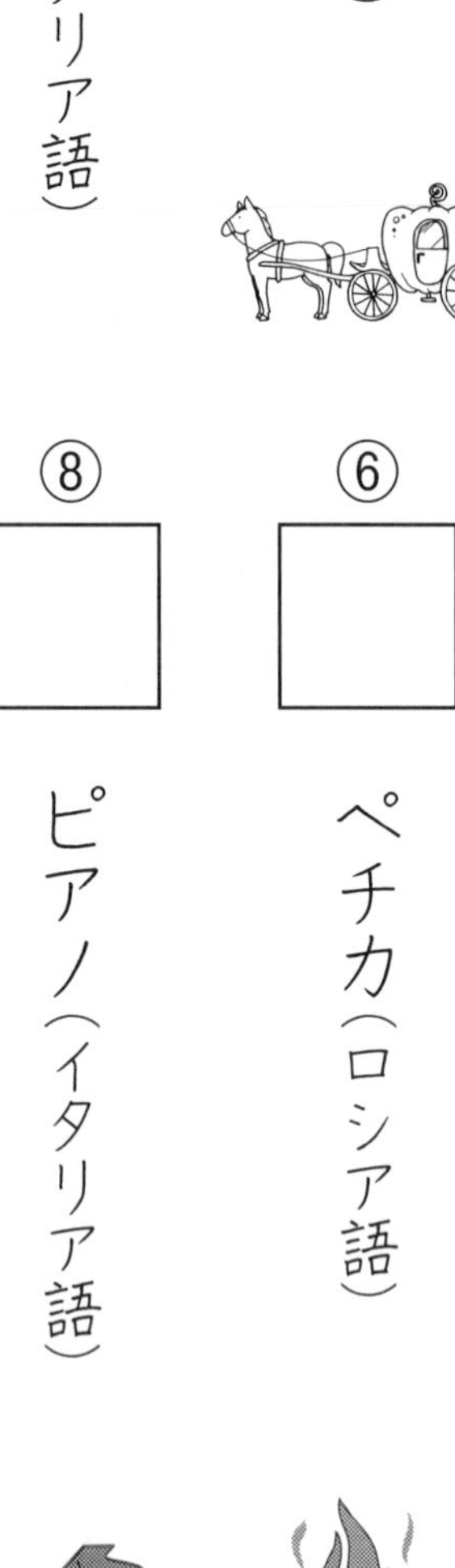

⑧ [　] ピアノ（イタリア語）

⑨ [　] オペラ（イタリア語）

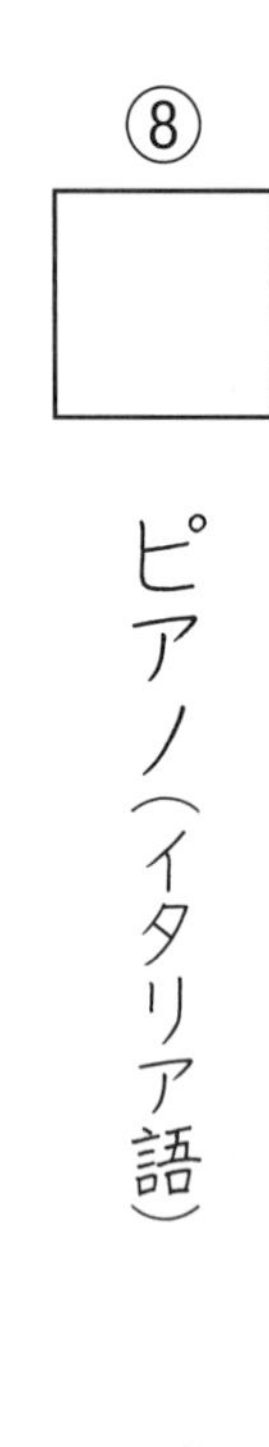

⑩ [　] プレゼント（英語）

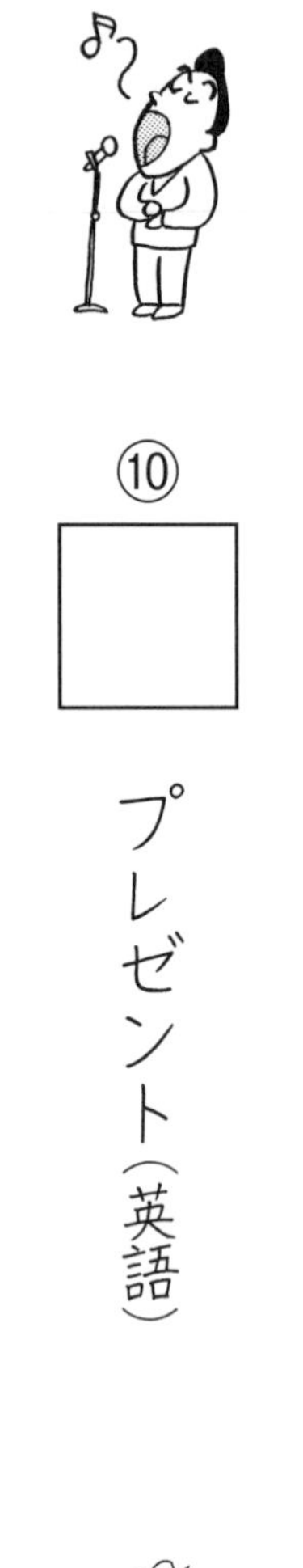

⑪ [　] パズル（英語）

⑫ [　] ノート（英語）

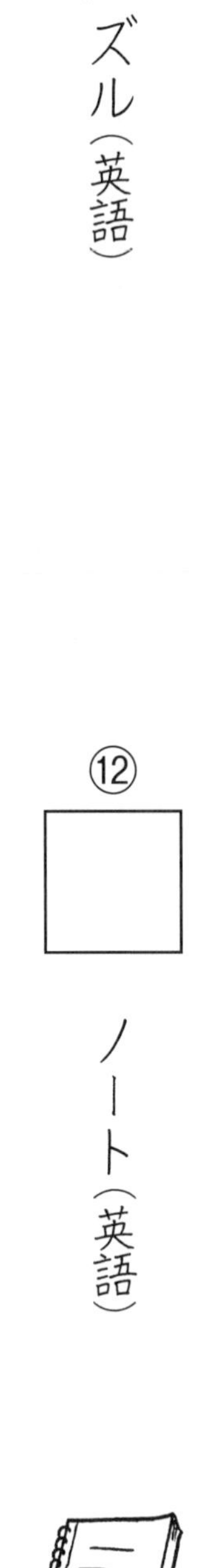

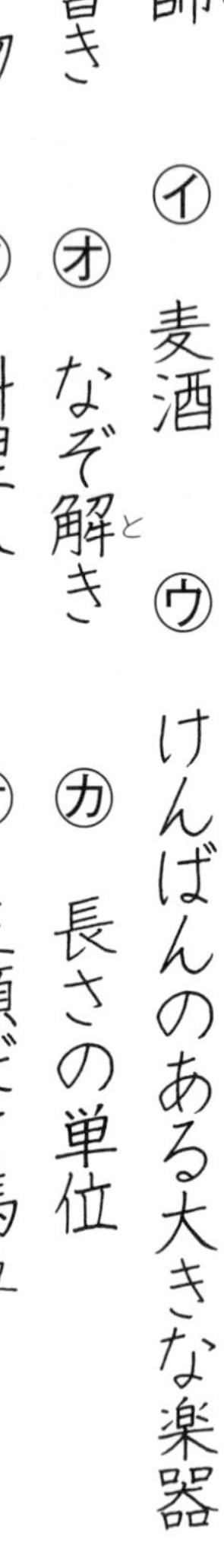

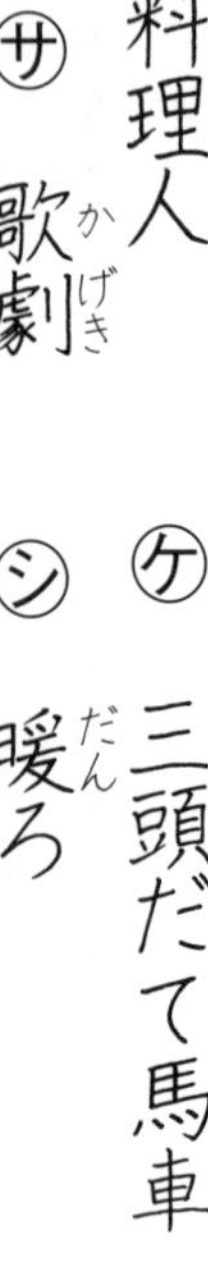

㋐ 道化師　　㋑ 麦酒　　㋒ けんばんのある大きな楽器
㋓ 覚え書き　　㋔ なぞ解き　　㋕ 長さの単位
㋖ おくり物　　㋗ 料理人　　㋘ 三頭だて馬車
㋙ ひも状のめん　　㋚ 歌劇　　㋛ 暖ろ

外来語で遊ぼう

名前　　　　月　　日

1 次のかたかなの中に、八個の外来語がかくれています。見つけた言葉に色をぬりましょう。何という字が現れましたか。

カ	チ	ナ	マ	ア	ミ	ニ	ケ
タ	ム	コ	ー	ド	レ	ス	ン
ネ	ハ	イ	ヒ	ベ	フ	イ	ヌ
キ	メ	ン	モ	ン	ヤ	ー	イ
ヘ	ホ	キ	ッ	チ	ン	ツ	リ
ラ	ウ	ル	ノ	ャ	エ	オ	ベ
ク	ワ	ン	レ	ー	ト	ラ	ン
ツ	ラ	ギ	ャ	グ	ソ	ロ	チ

ヒント

〈たて〉
① 金属でできたお金
② ぼう険
③ 洋がし
④ 長いす

〈よこ〉
① 電線のない
② 台所
③ 一人ですること
④ 客を笑わせるせりふやしぐさ

現れた字

2 次のかたかなの中に、十個の外来語がかくれています。見つけた言葉に色をぬりましょう。何という字が現れましたか。

ワ	ア	ク	セ	サ	リ	ー	キ
イ	ウ	チ	ト	ス	ス	セ	ャ
ウ	ト	ネ	テ	ペ	シ	ソ	ン
エ	ド	ッ	ク	ン	ポ	ン	ド
コ	ア	ヌ	ツ	ス	サ	タ	ル
ケ	ラ	ノ	チ	リ	ラ	ル	マ
ク	ー	ニ	タ	ル	ロ	レ	ナ
キ	ム	マ	ネ	ー	ジ	ャ	ー

現れた字

ヒント

〈たて〉
① 野外
② 不安やきん張をあたえる小説や映画
③ ろうそく
④ 警報
⑤ ひやひや、はらはらするような気持ち
⑥ 礼ぎ作法

〈よこ〉
① 装しょく品
② 船を作ったり修理したりするところ。人間○○○
③ イギリスの通貨
④ 世話をしたり交しょうしたりする人。支配人

勉強4マス ①

名前

月　日

1

① かおり○○たけ、味しめじ

② ○○とけて　村いっぱいの　子どもかな

③ ○○につばをつける

④ 秋はすすきと○○見だんご

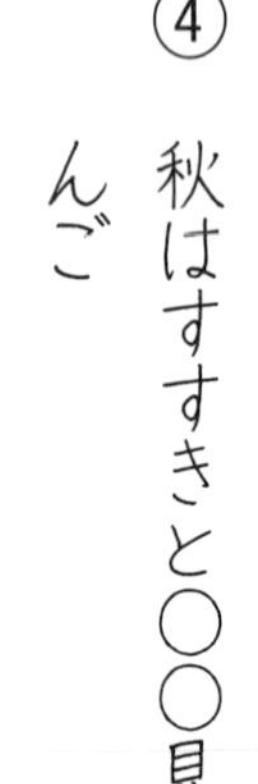

2

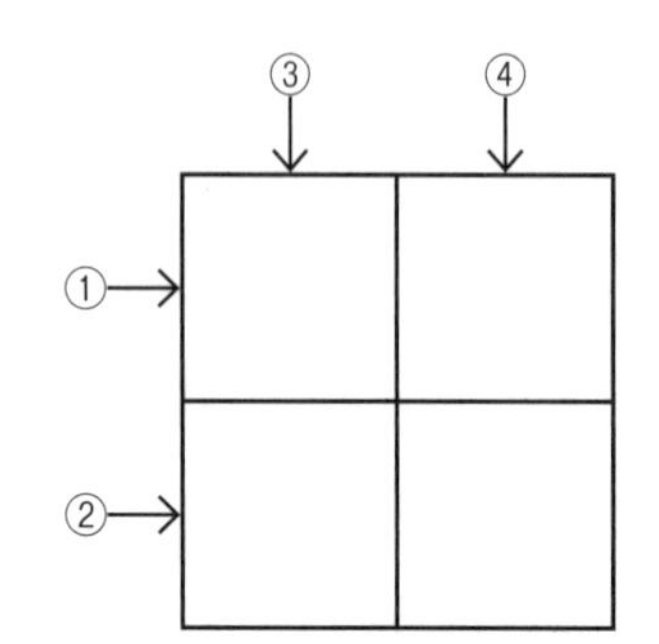

① 法隆寺（ほうりゅうじ）の五重の○○

② 二十四のひとみ、小（しょう）豆（ど）○○

③ 今○○の干支（えと）は何？

④ すずめの子　そこのけ　そこのけ　お○○が通る

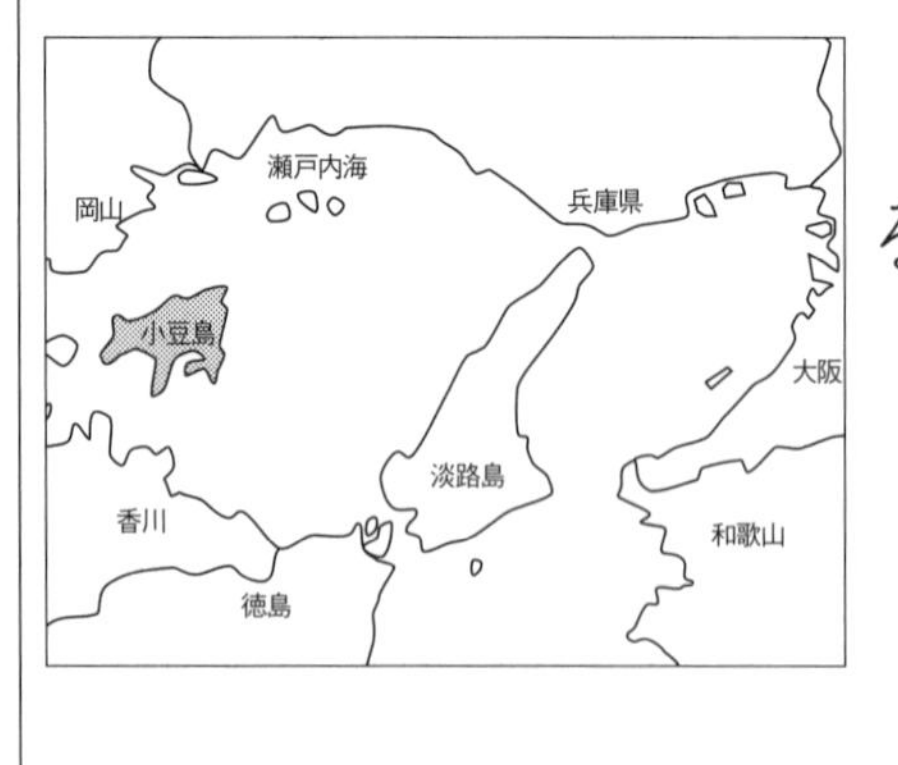

3

① ○○伝いに船を進める

② ○○が鳴るなり法隆寺

③ 日本かも○○

④ 芸人コロッケは、ものの○○が上手

4

① 能（のう）ある○○はツメをかくす

② 静かさや　○○にしみいる　せみの声

③ えびで○○をつる

④ ○○下りですずしさ満きつ

勉強4マス ②

名前

月　日

1

① ○○顔に　つるべとられて　もらい水

② 名よばん○○に努める

③ ○○子の手をひねる

④ 野○○ばかり食べるベジタリアン

2

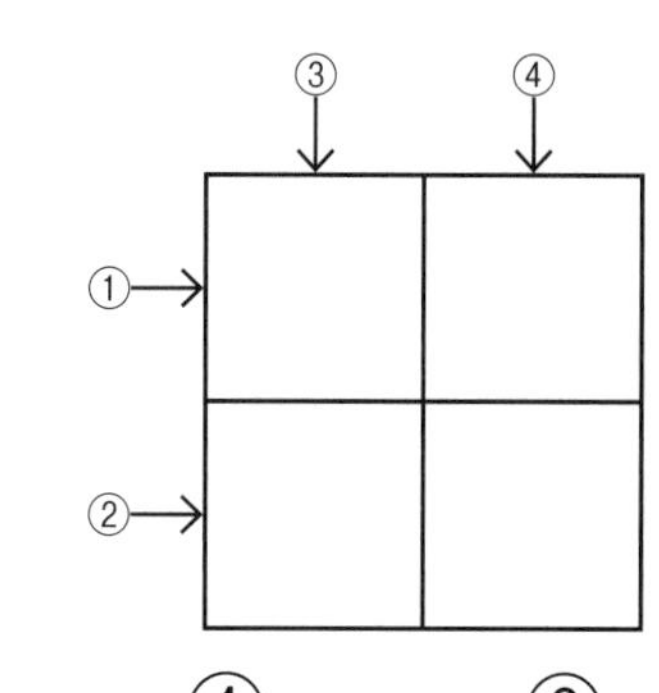

① 兄と妹との○○ばさみになる

② 春は卒業○○に、入学○○

③ ○○橋をたたいてわたる

④ こいの○○登り

3

① ひょうたんから○○が出る

② ○○ようようと引き上げる

③ 五月の○○のぼりとふき流し

④ 節分は豆といわしと恵(え)方(ほう)○○

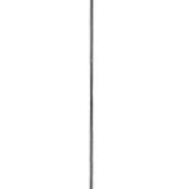

4

① ゆりかごから○○場(ば)まで

② 和歌山県には有名なねこの○○長(ちょう)「たま」がいる

③ やれ打つな　○○が手をすり　足をする

④ ○○食(く)えば　かねが鳴るなり　法隆寺(ほうりゅうじ)

勉強4マス ③

名前

月　日

1

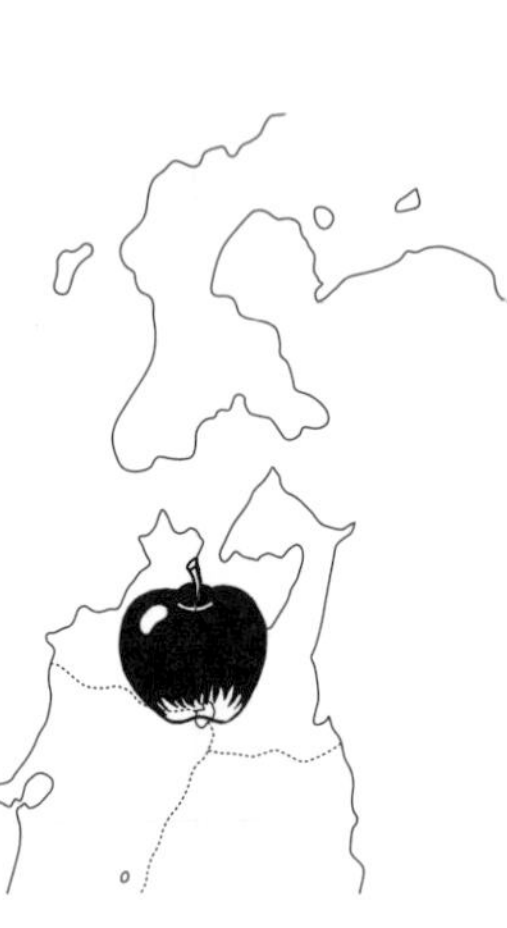

① 朱(しゅ)に交われば〇〇くなる

② 自分の兄弟姉妹の息子のことを〇〇という

③ りんごの生産日本一は〇〇森県

④ 北海道はでっ〇〇どー!!

2

① 〇〇の耳に念仏(ねんぶつ)

② くさっても〇〇という、めでたい魚

③ 五木(いつき)の子守り〇〇

④ コウノトリが徳島県に〇〇おりる

3

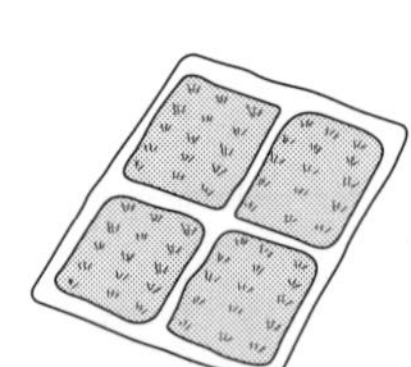

① 一昔前、イネかりの道具は〇〇

② イネの〇〇を田に植える田植機

③ 漢字〇〇交じり文で書く

④ 地しんの〇〇ぶれは、わかりにくい

4

① つるは千年、〇〇は万年

② 雨(あま)だれ、〇〇をうがつ

③ 日本〇〇流は黒潮(くろしお)とよぶ

④ こんなことは朝〇〇前だ。

辞書で遊ぼう ①

名前

月　日

1　辞書を使って、しりとりを完成しましょう。

① たこ → □ → □ → □

② はと → □ → □ → □

③ すすき → □ → □ → □

④ ぎゅうにく → □ → □ → □

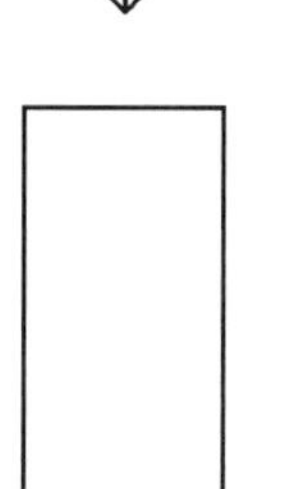
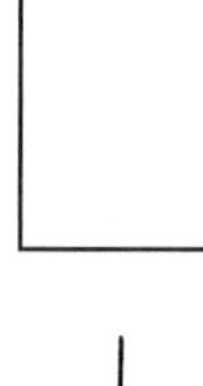

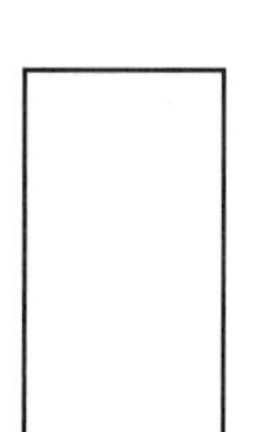
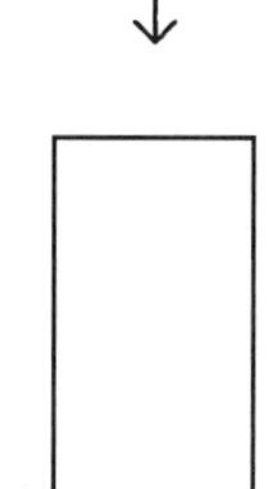
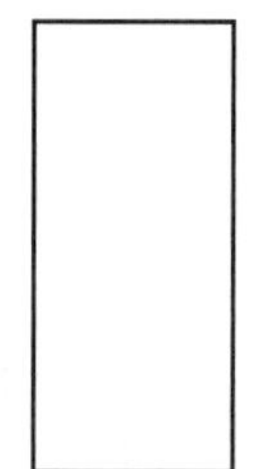
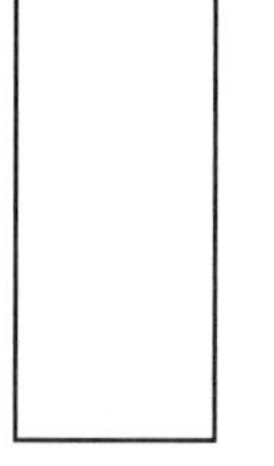

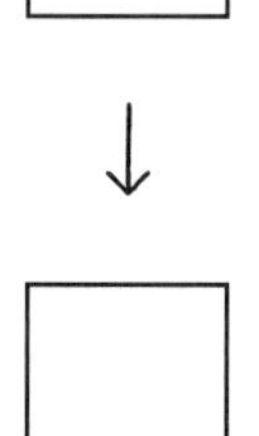
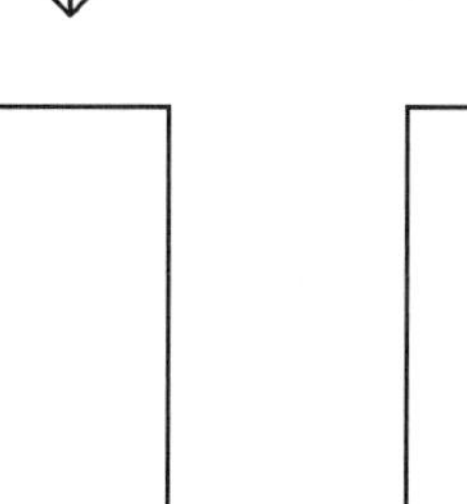

2　辞書を使って、しりとりを完成しましょう。

① 理科の用語　でんき → □ → □ → □

② 植物　さざんか → □ → □ → □

③ 食物　うめぼし → □ → □ → □

④ 水中にすむ生物　たい → □ → □ → □

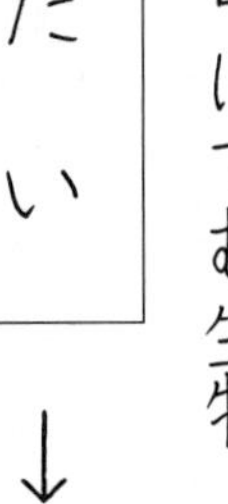
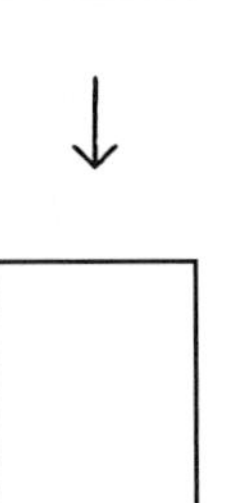
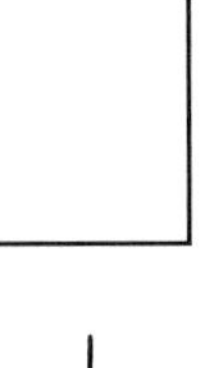
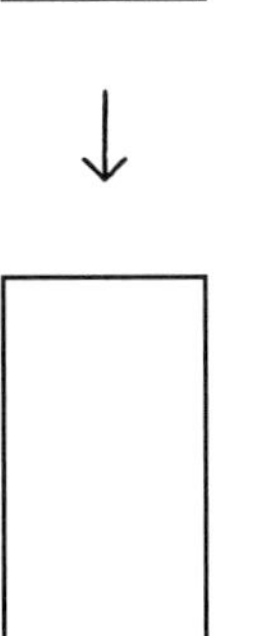
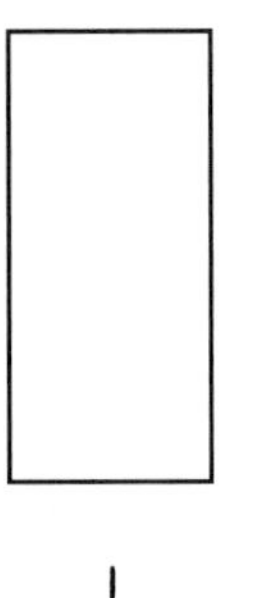
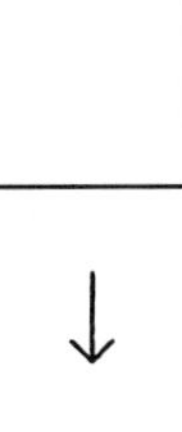

辞書で遊ぼう ②

名前

月　日

1 辞書を使って、しりとりを完成しましょう。

① しまうま → □ → □ → くちぐせ

② すいか → □ → □ → こおろぎ

③ 食べもの限定(げんてい)
おもち → □ → □ → カレー

④ 動物限定
くじら → □ → □ → きつね

2 辞書を使って、しりとりを完成しましょう。

① まんが → □ → つきゆび → □

② あたま → □ → けんこう → □

③ いか → □ → きんぎょ → □

④ つばさ → □ → くうき → □

辞書で遊ぼう ③

名前

月　日

❀ 次の言葉の意味を調べ、書きましょう。同じであれば○、似ていれば△、ちがっていれば×を、□に書きましょう。

①
はんこ
印かん

②
快晴（かいせい）
日本晴れ

③
衛星（えいせい）
わく星

④
パズル
クイズ

⑤
ひょう
あられ

⑥
かるた
百人一首

ある・なしクイズ ①

名前

月　日

❀「ある」という言葉のグループと「なし」というグループに分かれています。「ある」に共通する何かを見つけましょう。

①

ある	なし
サイ	ゾウ
ヤギ	カバ
しか	うま
おに	人間

※それぞれの動物に特ちょうがありますね。

（　　　　　）

②

ある	なし
さる	ゴリラ
犬	ねこ
きじ	ニワトリ
おに	人間
もも	リンゴ

※これらの動物をならべると…

（　　　　　）

③

ある	なし
ふたご	みつご
やぎ	しか
さそり	むかで
かに	やどかり
てんびん	体重計

※夜空をながめるのは好きですか。

（　　　　　）

④

ある	なし
マフラー	手ぶくろ
たね	花
塩	砂糖（さとう）
ネジ	くぎ
包帯	しっぷ

※マフラーはどのように使いますか？

（　　　　　）

⑤

ある	なし
セリ	タンポポ
ナズナ	クローバー
ゴギョウ	オオバコ
ハコベ	ツクシ
スズナ	レンゲ

※お正月に食べることがあります。

（　　　　　）

⑥

ある	なし
カ	ハエ
針	糸
指	手
カサ	雨

※カとハエの大きなちがいはどんなところ？

（　　　　　）

ある・なしクイズ ②

名前　　月　日

❀「ある」という言葉のグループと「なし」というグループに分かれています。「ある」に共通する何かを見つけましょう。

①

ある	なし
マカロニ	うどん
ゴルフ	野球
ドーナツ	カステラ
五円玉	十円玉

※何か共通するものがあります。

（　　　　　）

②

ある	なし
ざる	かご
てんぷら	はんぺん
たぬき	ねこ
おろし	きざみ

※食べ物です。

（　　　　　）

③

ある	なし
みかん	バナナ
石ころ	紙
消しゴム	えんぴつ
コップ	皿

※どのように数えますか。

（　　　　　）

④

ある	なし
ソフト	キャンデー
ハンド	足
バター	マヨネーズ
シュー	クッキー

※後に共通する言葉がつきます。

（　　　　　）

⑤

ある	なし
ウグイス	タンチョウヅル
おたまじゃくし	カエル
タンポポの花	タンポポのわたぼうし
ツバメ	ガン

※いつごろ見ますか？

（　　　　　）

⑥

ある	なし
イス	テーブル
かけっこ	すもう
算数	国語
めがね	虫めがね

※ある共通する動作があります。

（　　　　　）

ある・なしクイズ ③

名前

月　日

❀「ある」という言葉のグループと「なし」というグループに分かれています。「ある」に共通する何かを見つけましょう。

①

ある	なし
かた	頭
風	雲
水	土
火	月

※漢字一字をつけて熟語(じゅくご)にしましょう。

（　　　　　）

②

ある	なし
雷	雪
金	銀
てっぽう	刀
飛	走

※漢字一字をつけて熟語にしましょう。

（　　　　　）

③

ある	なし
うろこ	さめ
ひつじ	うま
わた	ぬの
雨	水

※漢字一字をつけて熟語にしましょう。

（　　　　　）

④

ある	なし
すず	かね
松	すぎ
成	子
幼	赤子

※漢字一字をつけて熟語にしましょう。

（　　　　　）

⑤

ある	なし
うし	いたち
ねずみ	ねこ
ひつじ	やぎ
とら	らいおん

※何かの仲間です。

（　　　　　）

⑥

ある	なし
大阪	岐阜
神奈川	山梨
青森	長野
福島	埼玉

※似(に)た特ちょうがあります。

（　　　　　）

漢字パズル ①

名前

月　日

縦や横の漢字には、同じ字形をした部分があります。□にあてはまる漢字を書きましょう。

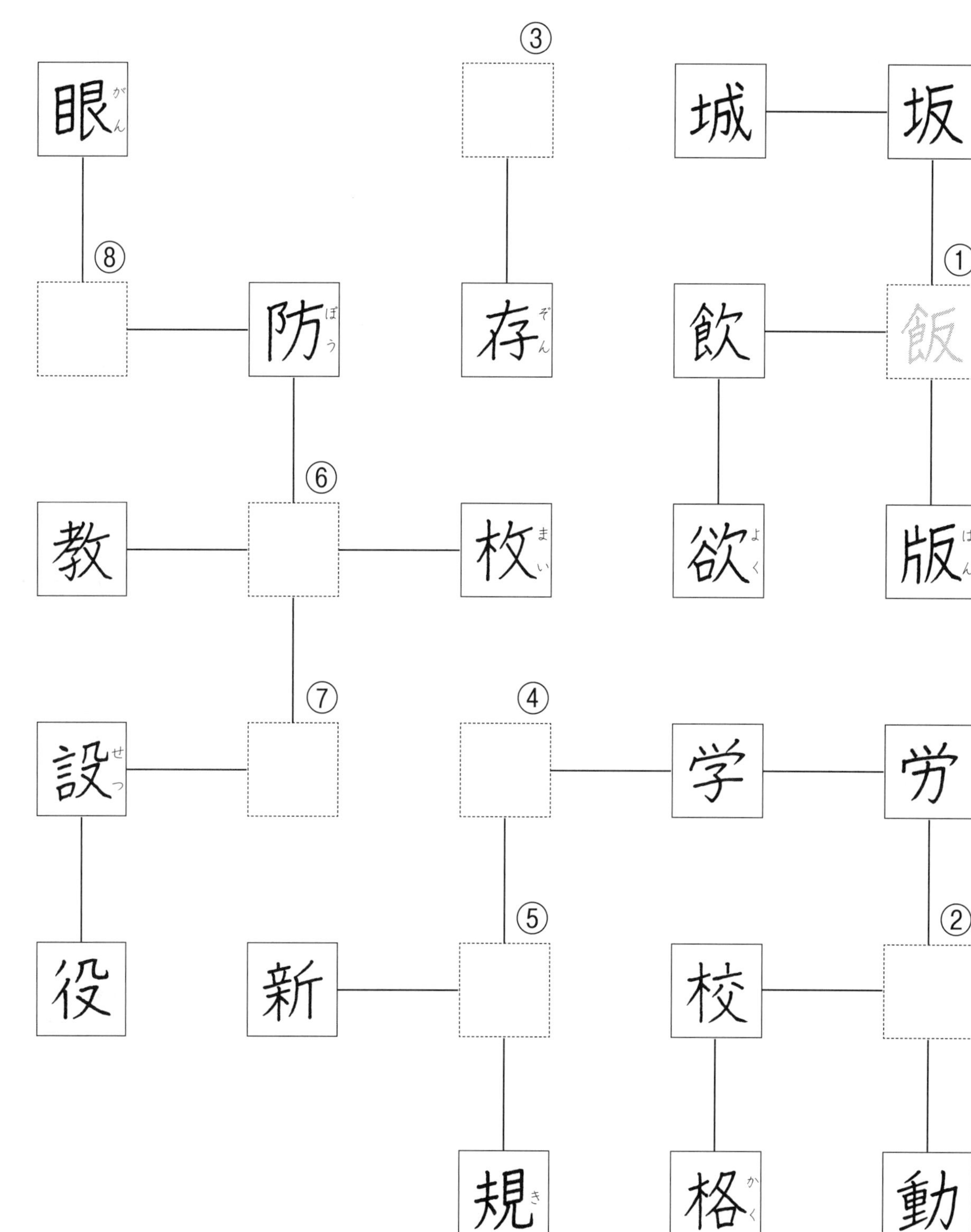

① 米をたいたもの。

② ききめがあること。

③ 無の反対。

④ 目がさめるとも読みます。

⑤ この漢字を分解すると、「木の上で立って見ている人」となります。

⑥ 牛など家ちくをはなし飼いします。

⑦ お客さんが来ること。

⑧ かぎりや区切り。

漢字パズル ②

名前　　　　月　　日

縦（たて）や横の漢字には、同じ字形をした部分があります。
□にあてはまる漢字を書きましょう。

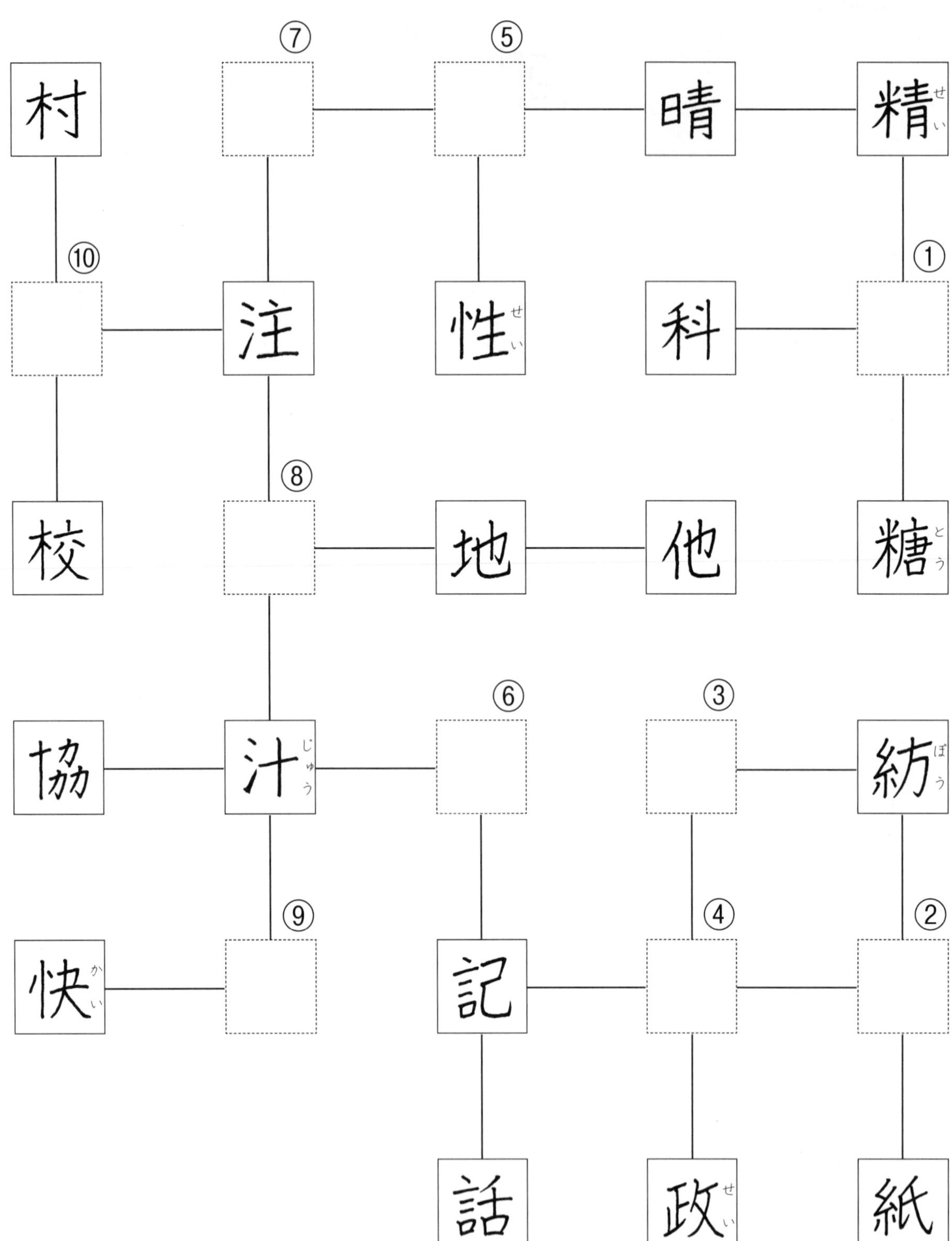

ヒント

① 食○、材○、○理など。

② 世○（せいき）のき。

③ 牛など自由に飼（か）います。

④ あらためます。

⑤ なさけ・人○のこと。

⑥ 算数でよく使います。

⑦ 中国の昔の名の一つ。

⑧ 大きな水たまり。

⑨ きめること。

⑩ 家を建てるときに必要です。

送りがな ①

名前

月　日

1 次の漢字の送りがなを考えましょう。

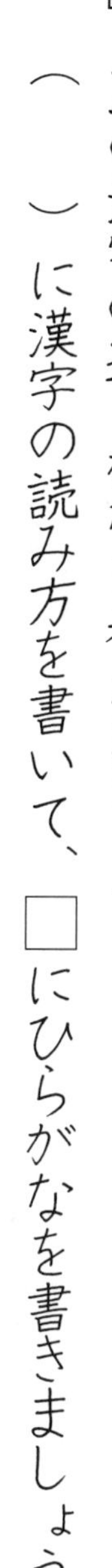

（　）に漢字の読み方を書いて、□にひらがなを書きましょう。

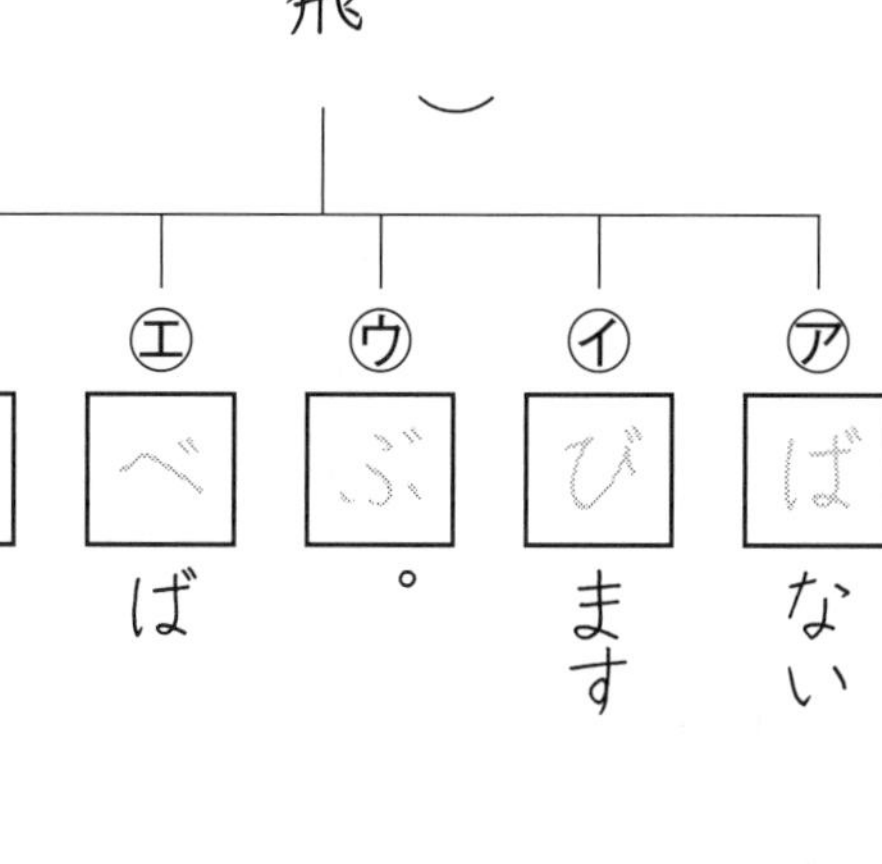

① 飛（　　）
- ア ば ない
- イ び ます
- ウ ぶ 。
- エ べ ば
- オ ぼ う

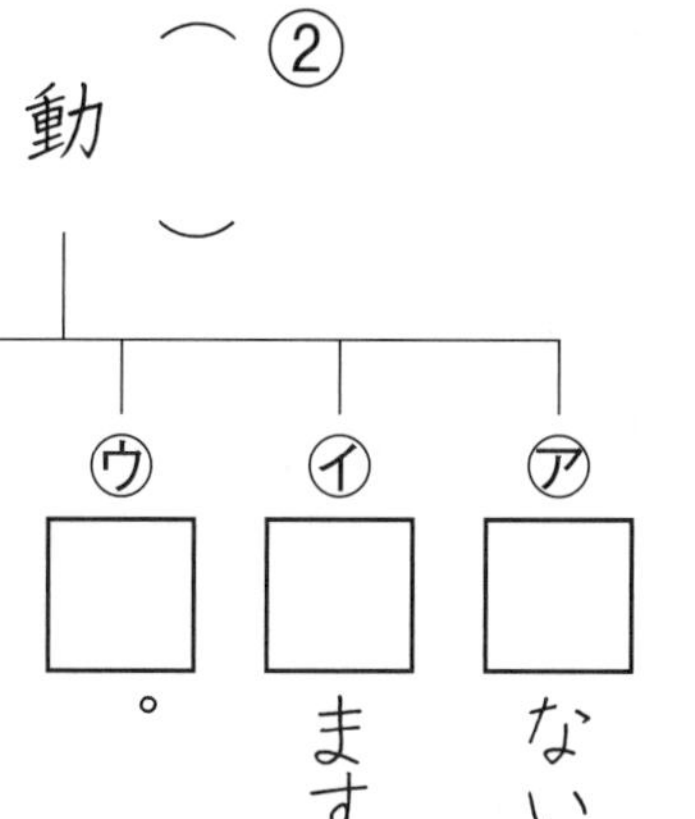
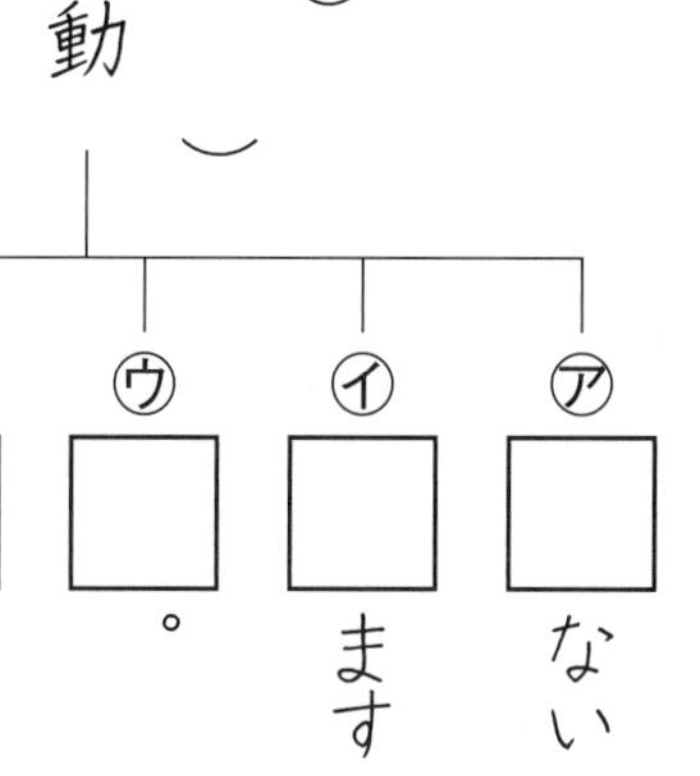
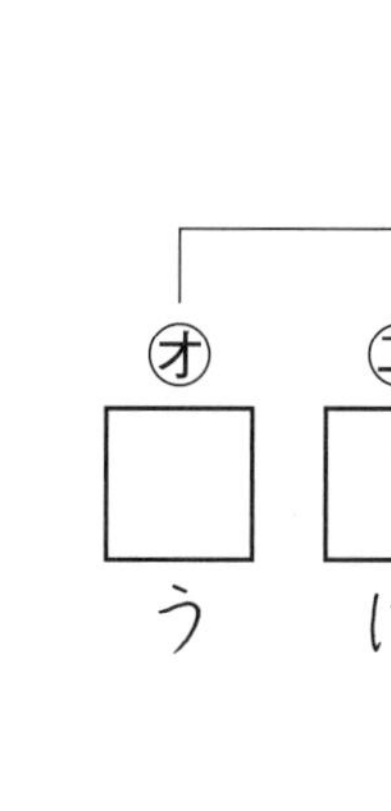

② 動（　　）
- ア □ ない
- イ □ ます
- ウ □ 。
- エ □ ば
- オ □ う

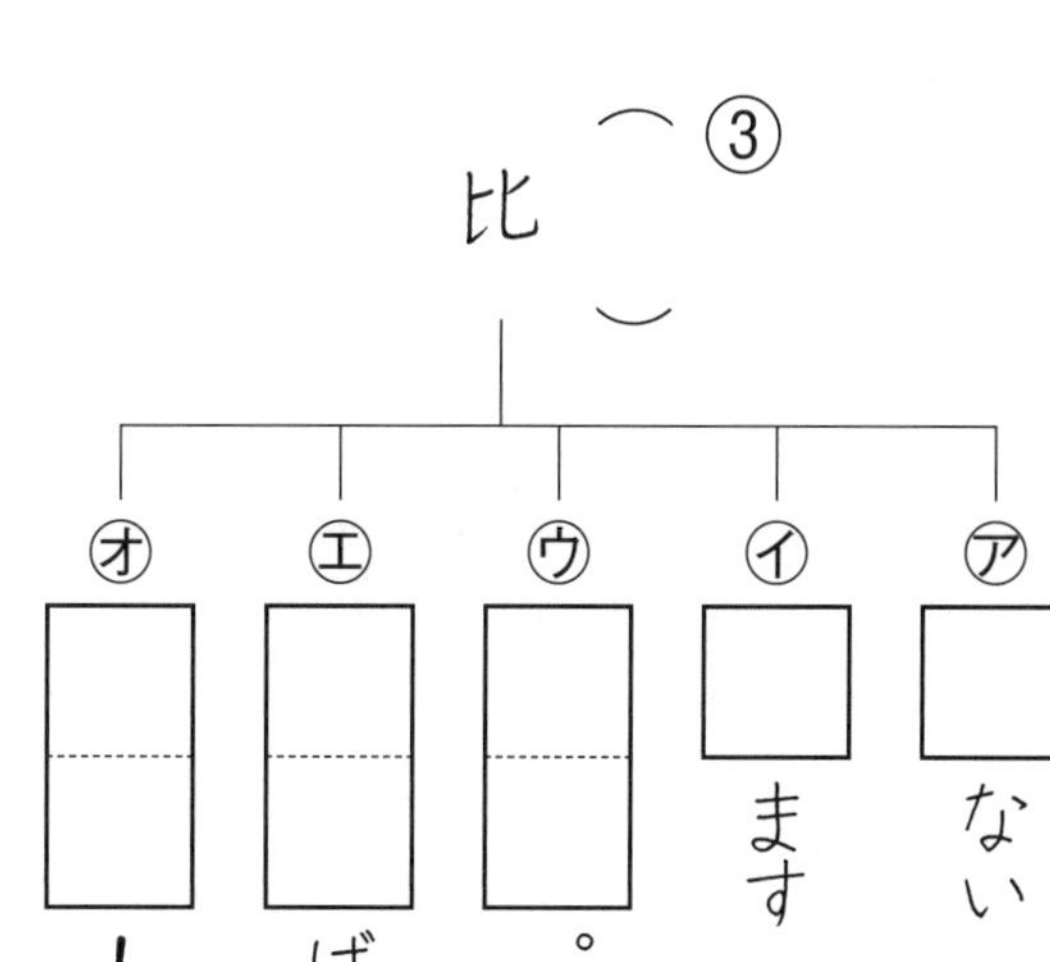

③ 比（　　）
- ア □ ない
- イ □ ます
- ウ □ 。
- エ □ ば
- オ □ ！

2 次の漢字の送りがなの部分に——を引きましょう。

〈例〉 述 のべる

① 備 そなえる そなわる

② 従 したがう したがえる

③ 割 わる われる

④ 起 おこす おきる

3 次の漢字の送りがなの部分に——を引きましょう。

① 降 おりる ふる

② 入 いれる はいる

③ 下 くだる さがる

④ 生 いきる うまれる

⑤ 着 つく きる

⑥ 食 たべる くう

⑦ 暗 くらい

⑧ 痛 いたい

⑨ 明 あかるい あける

⑩ 細 こまかい ほそい

⑪ 冷 つめたい ひえる

⑫ 少 すくない すこし

送りがな ②

名前

月　日

1 次の言葉に送りがなをつけましょう。

① いとなむ　営□

② しんじる　信□

③ なれる　慣□

④ つげる　告□

⑤ そなえる　備□

⑥ さがす　探□

⑦ くらべる　比□

⑧ ちかづく　近□

⑨ のぞむ　望□

⑩ きめる　決□

2 次の言葉に送りがなをつけましょう。

① やさしい　易□

② げんきだ　元気□

③ ひさしい　久□

④ あきらかだ　明□

⑤ しあわせ　幸□

⑥ こたえ　答□

3 次の言葉を、「ない」をつけた形にして送りがなを□に、書きましょう。

(例) 走る＋ない→走らない

(例) 新しい＋ない→新しくない

① きく　聞□

② いそぐ　急□

③ はこぶ　運□

④ ながい　長□

⑤ うつくしい　美□

⑥ しずか　静□

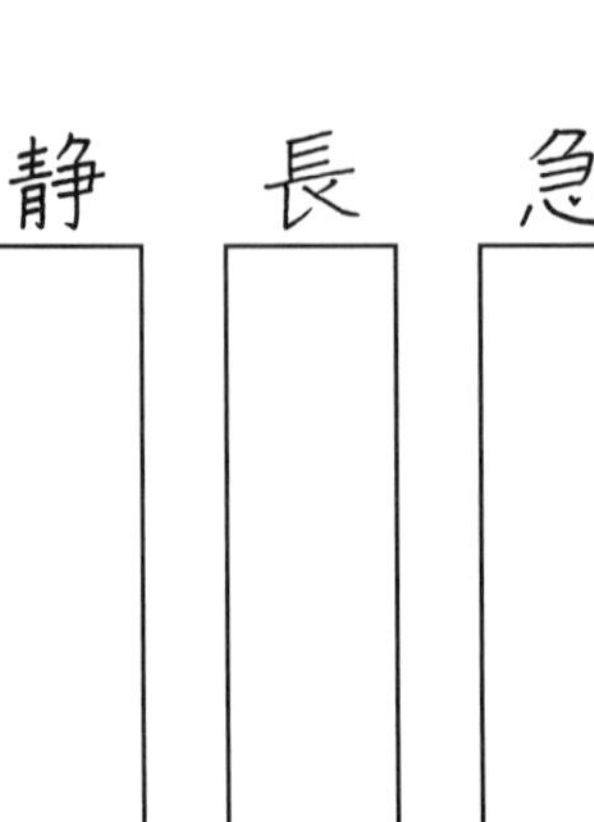

漢字の部首 ①

名前

月　日

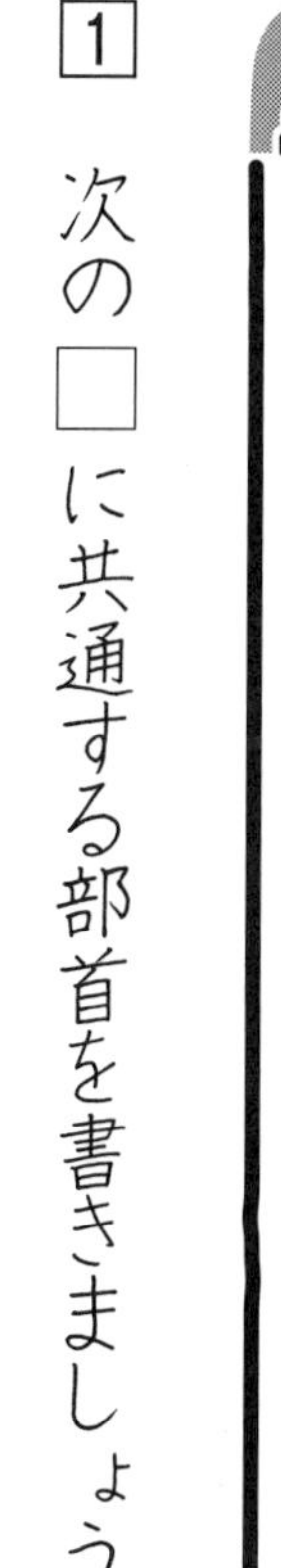

1 次の□に共通する部首を書きましょう。

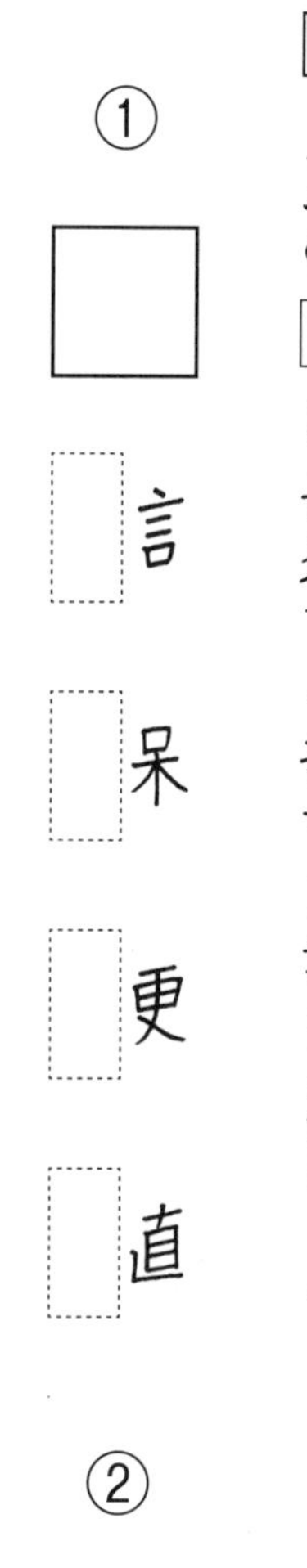

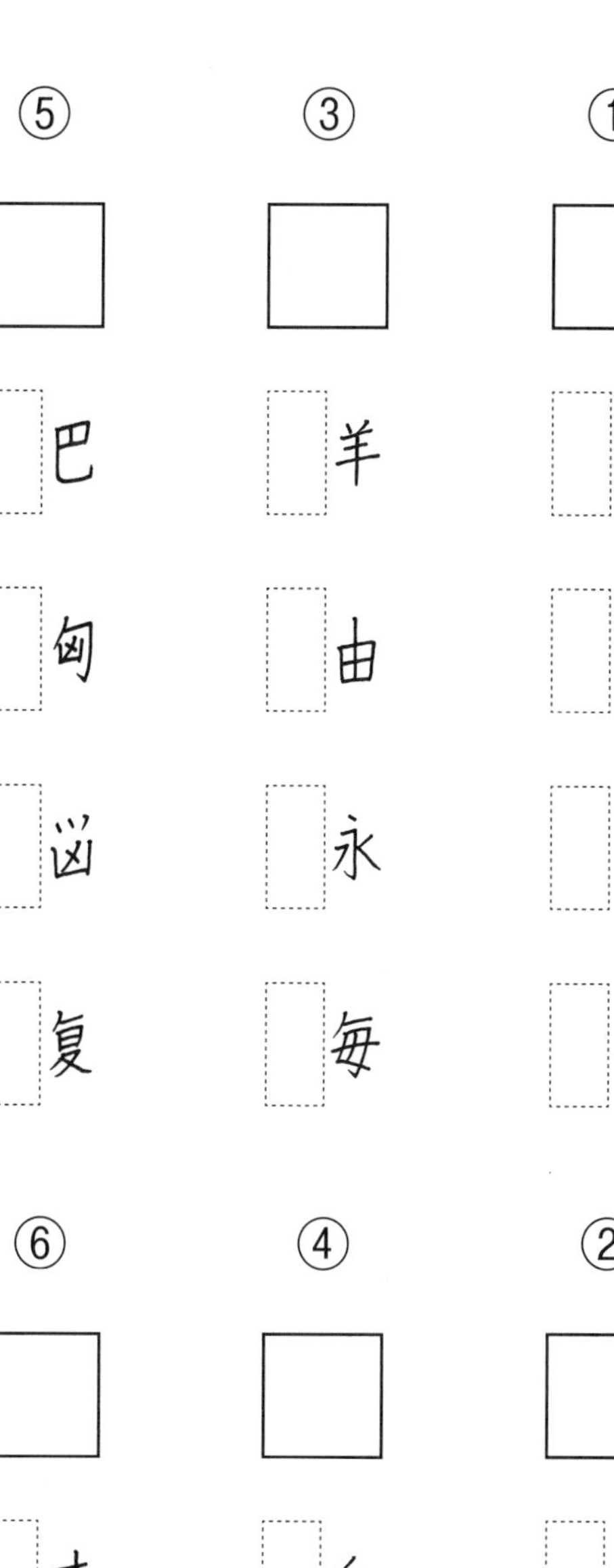

① □ 言 呆 更 直

② □ ｜ 長 虫 弓

③ □ 羊 由 永 毎

④ □ 斤 反 周 袁

⑤ □ 巴 匈 凶 复

⑥ □ 才 寸 文 主

⑦ □ 斗 少 多 重

⑧ □ 十 川 己 寺

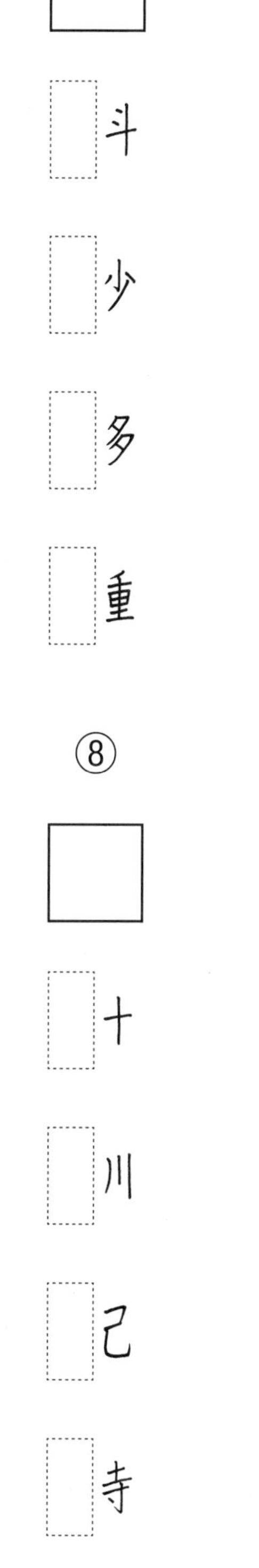

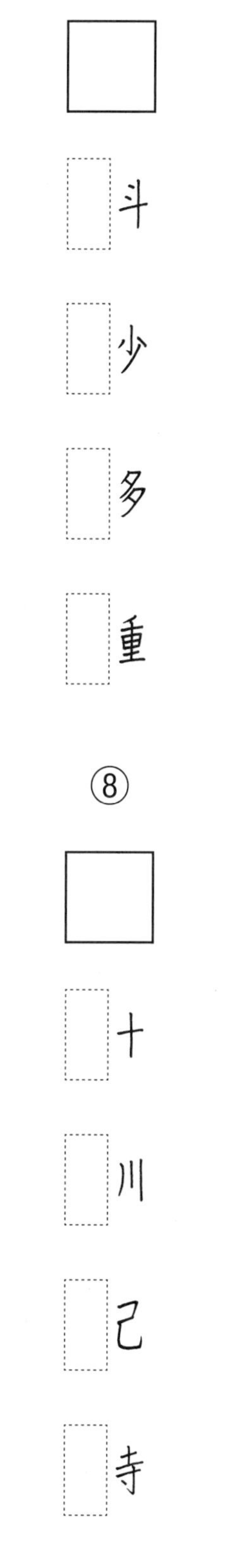

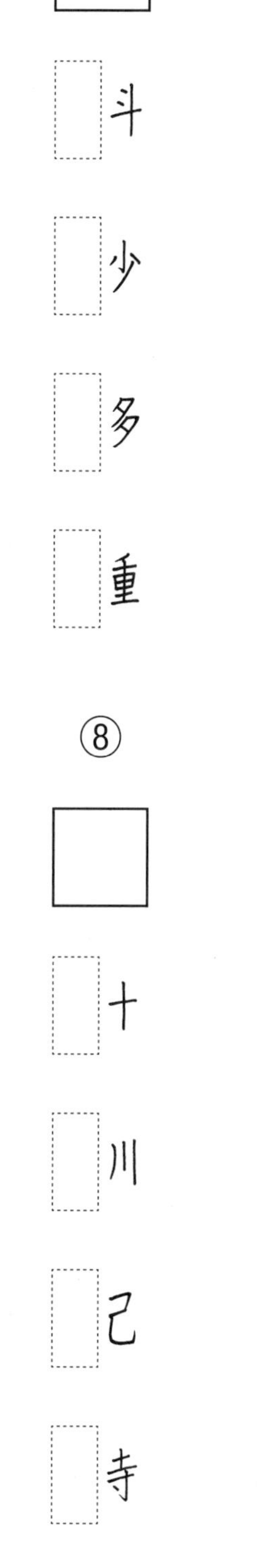

2 次の漢字は音読みは同じで、□に同じ部首やつくりなどがあてはまります。（　）に音、□に字形を書き入れましょう。

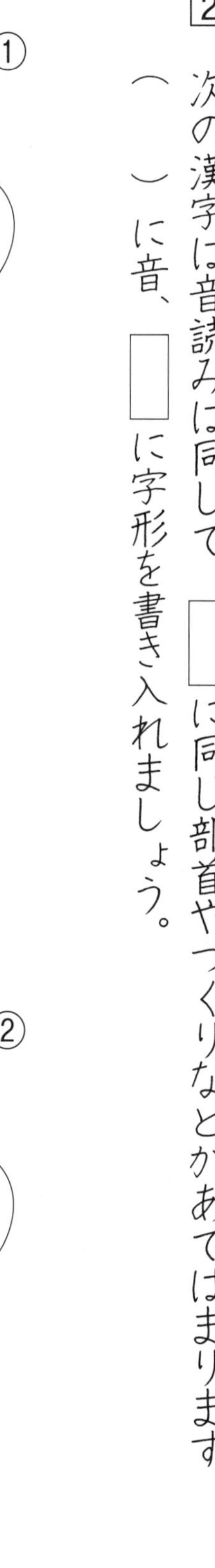

漢字の部首 ②

名前

月　日

1 次の漢字には、共通する字形がふくまれています。（　）に読みを書きましょう。

① 反　ご飯（　）　版画（　）　黒板（　）　返事（　）

② 主　門柱（　）　注意（　）　住所（　）

③ 周　調子（　）　今週（　）　周囲（　）

④ 干　週刊誌（　）　幹事（　）　干潮（　）　海岸（　）

⑤ 青　青年（　）　晴天（　）　清流（　）　情熱（　）　精進（　）

⑥ 生　先生（　）　火星（　）　性格（　）

⑦ 行　行進（　）　銀行（　）　行事（　）　行間（　）

⑧ 工　功名（　）　工作（　）　紅茶（　）　空間（　）

2 次の字形がふくまれている漢字を二つずつ書きましょう。（辞書を使ってもよい）

① 求（キュウ）　［　・　］

② 圣（ケイ）　［　・　］

③ 谷（コク・ヨク・ヨウ）　［　・　］

④ 啇（テキ）　［　・　］

⑤ 复（フク）　［　・　］

⑥ 㑒（ケン）　［　・　］

漢字の訓読み（同訓異字）①

名前

月　日

1　次の□に合う漢字を、□から選んで書きましょう。

①
㋐ □（まる）いテーブルを買う。
㋑ 地球は□（まる）い。

円　丸

②
㋐ 公園で友達と□（あ）う。
㋑ 友達と意見が□（あ）う。

会　合

③
㋐ 今年の夏は、特に□（あつ）い。
㋑ □（あつ）いお茶を飲む。

熱　暑

④
㋐ □（さ）めたお茶を飲む。
㋑ 目が□（さ）めたら、朝だ。

冷　覚

⑤
㋐ 顔色を□（か）える。
㋑ バッターを□（か）える。
㋒ 千円で□（か）える本。

変　代　買

2　次の□に合う漢字を、□から選んで書きましょう。

① 駅前にビルが□（た）つと、うわさが□（た）つ。

立　建

② □（はや）く友達に会いたくて、□（はや）く歩く。

早　速

③ 病気を□（なお）すには、生活を□（なお）すのが大事だ。

直　治

④ 二学期の□（はじ）めの式を□（はじ）める。

初　始

⑤ 「アユを□（はな）したよ。」と、友達に□（はな）す。

放　話

漢字の訓読み（同訓異字）②

名前

月　日

1 意味が合うように、上と下を——で結びましょう。

①
㋐ 暑い・　　・㋐ 本を買う
㋑ 厚（あつ）い・　　・㋑ お茶を飲む
㋒ 熱い・　　・㋒ 夏の午後

②
㋐ 家を・　　・㋐ 明ける
㋑ 窓（まど）を・　　・㋑ 開ける
㋒ 夜が・　　・㋒ 空ける

③
㋐ ふくろの重さを・　　・㋐ 計る
㋑ 遊んだ時間を・　　・㋑ 量る
㋒ 山の高さを・　　・㋒ 測（はか）る

④
㋐ 気が・　　・㋐ 絶（た）つ
㋑ 家が・　　・㋑ 立つ
㋒ 交際（こうさい）を・　　・㋒ 建つ

2 次の□に合う漢字を、□から選んで書きましょう。送りがなも書きましょう。

①
㋐ 紙が □（やぶれる）。
㋑ 試合に □。

敗　破

②
㋐ 動きが □（とまる）。
㋑ 目に □。

止　留

③
㋐ 姿（すがた）を □（あらわす）。
㋑ 気持ちを □。

現　表

④
㋐ 教えを □（とく）。
㋑ 問題を □。

解　説

⑤
㋐ 議長を □（つとめる）。
㋑ 解決（かいけつ）に □。

務　努

⑥
㋐ 色が □（まじる）。
㋑ 石が □。

交　混

漢字の音読み（同音異義語）

名前　　　　　　　　月　　日

1 次の漢字は同じ音読みです。正しい漢字に○をつけましょう。

① 意｛志・思｝の強い人。

③ できばえに｛感・関｝心する。

⑤ 今｛季・期｝初めての海水浴。

⑦ 異(い)｛義・議｝を唱える。

② 多数決で｛裁・採｝決する。

④ 実｛体・態｝調査(ちょうさ)する。

⑥ 所｛用・要｝時間は一時間。

⑧ 客船の｛進・針｝路。

2 次の□に合う漢字を、［　］から選んで書きましょう。

① 質問(しつもん)に□(カイ)答する。

③ 人質(ひとじち)を□(カイ)放する。

⑤ 野□(セイ)的なみりょくがある。

⑦ □(キョク)地的に大雨が降(ふ)る。

② カステラは大□(コウ)物だ。

④ 朝食がまだ未消□(カ)です。

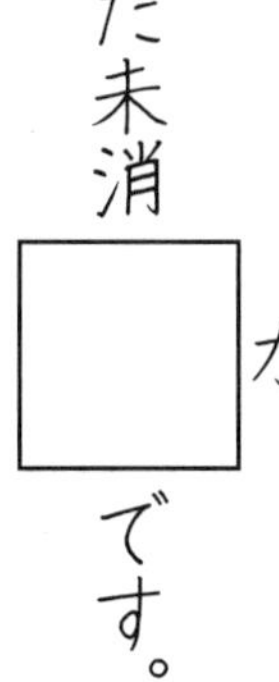

⑥ イネの□(セイ)長。

⑧ 地しんで、家庭に□(ハイ)水が必要になった。

［ 化　配　回　局　好　性　解　生 ］

同音異義語（ダジャレ）①

名前　　　　月　　日

1 次の文はダジャレになっています。――と同じ読みの漢字を書きましょう。

① 競技の基準（きじゅん）をみんなで（協議）する。

② 材料は容易（ようい）に（　　　）できた。

③ 本の定価（ていか）が（　　　）した。

④ 試合を辞退（じたい）するか、（　　　）の成り行きを見守る。

⑤ （　　　）は自動ドアを使うべからず。

⑥ （　　　）で平家（へいけ）一族の栄華（えいが）を見た。

2 次の□に合う熟語（じゅくご）を、□から選んで書きましょう。

① □（コウカ）な品物を買う。

効果　校歌　高価

② 研究の□（カテイ）を発表する。

家庭　仮定　過程

③ 文字を□（シュウセイ）する。

修正　終生　習性

④ 建物が□（カンセイ）する。

感性　官製　完成

⑤ 客船は、神戸（こうべ）の街に□（キコウ）した。

帰校　紀行　寄港

⑥ 久しぶりにサーカスの□（コウエン）をみた。

公園　講演　公演

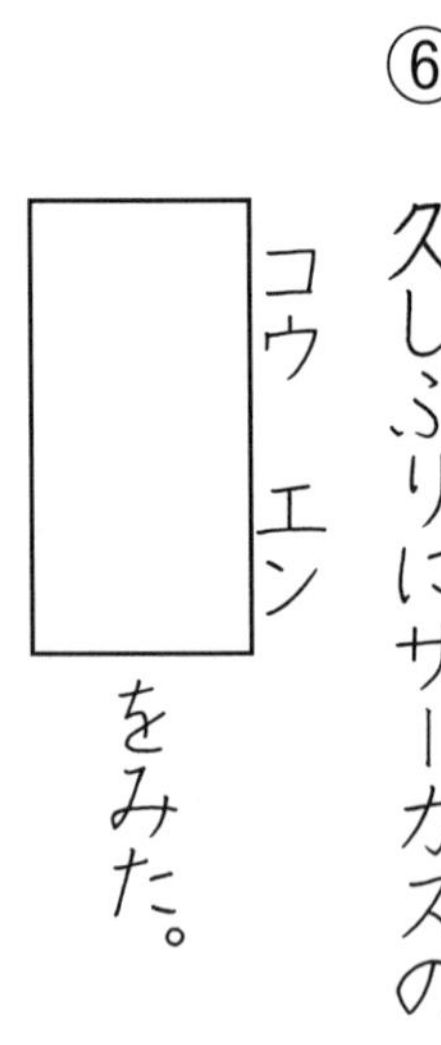

同音異義語（ダジャレ）②

名前　　月　日

1 次の文はダジャレになっています。――と同じ読みの漢字を書きましょう。

① （　　　）を起こした人は、自己批判（ひはん）するべきだ。

② 電気を発明した科学者の（　　　）を読む。

③ 飼料（しりょう）のことについてくわしい（　　　）を用意する。

④ 指名された選手の（　　　）を教えてください。

⑤ 講堂（こうどう）での話の後、運動場に出て、みんなでいっせいに（　　　）した。

⑥ 気体がどれだけ作れるか、みんなで（　　　）していた。

2 次の二つの同音異義語（どうおんいぎご）を使ってダジャレを作りましょう。

① 習慣（しゅうかん）・週間（しゅうかん）

② 官製（かんせい）・完成

③ 高価（こうか）・効果（こうか）

④ 起立・規律（きりつ）

カルタ
かるた取りという遊び。
このかるたというのは、400年くらい昔にポルトガルから伝わった言葉で、絵のついたカードのことだった。

同音異義語（ダジャレ）③

名前　　　月　　日

❀ 次の□に合う熟語（じゅくご）を、□から選んで書きましょう。

① いなかに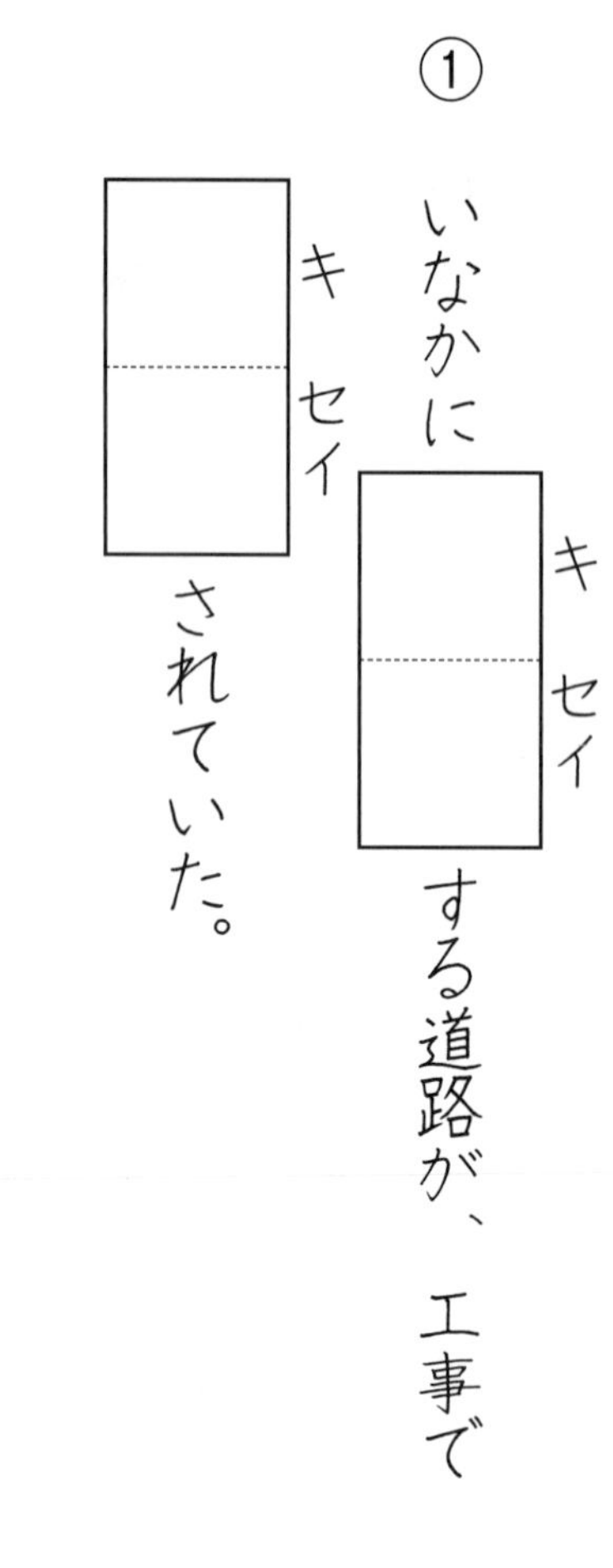（キセイ）する道路が、工事で（キセイ）されていた。

規制　帰省

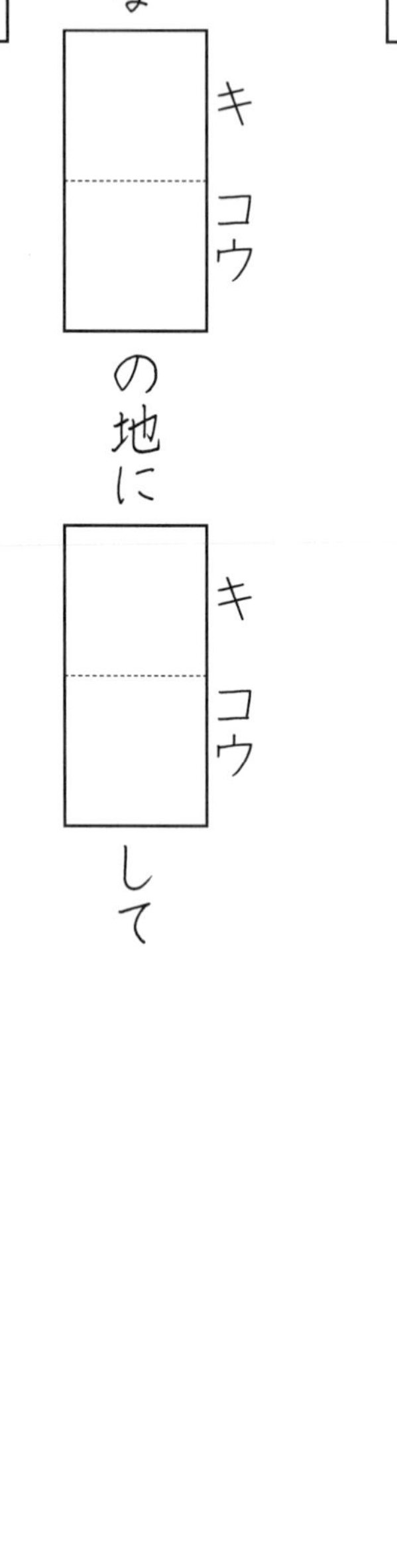

② おだやかな（キコウ）の地に（キコウ）して（キコウ）文を書いた。

紀行　気候　寄港

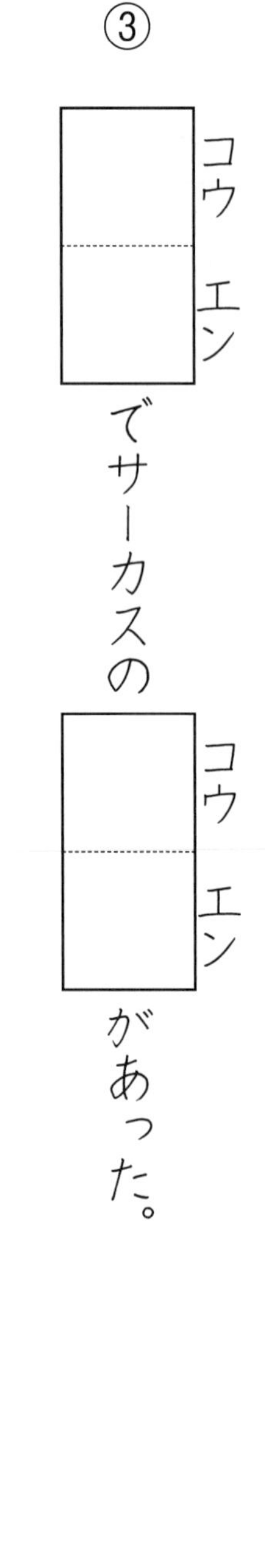

③ （コウエン）でサーカスの（コウエン）があった。

公園　公演

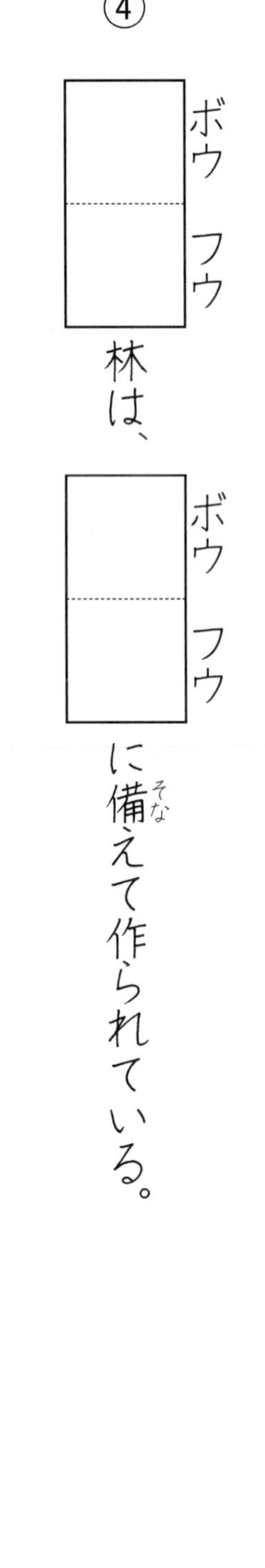

④ （ボウフウ）林は、（ボウフウ）に備（そな）えて作られている。

暴風　防風

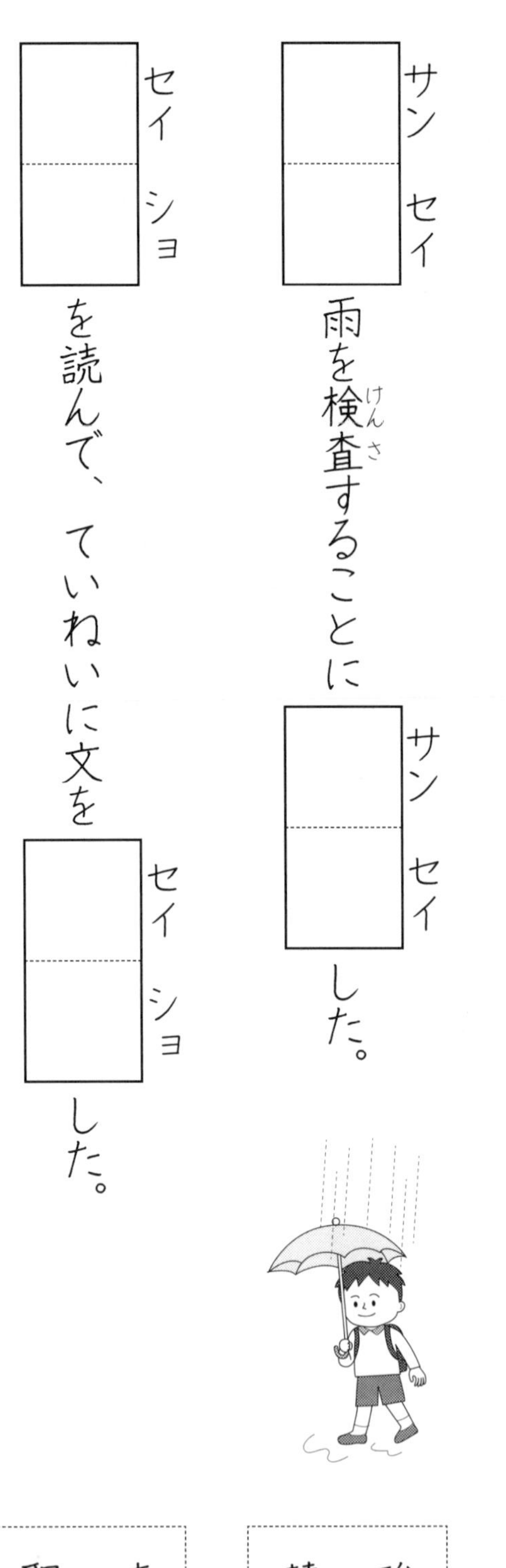

⑤ （サンセイ）雨を検査（けんさ）することに（サンセイ）した。

酸性　賛成

⑥ （セイショ）を読んで、ていねいに文を（セイショ）した。

清書　聖書

じゃんけん

江戸時代に中国から伝えられた「りゃんけん」という遊びからできた。手の指の動作で勝負をする遊びを「けん」といい、指二本を出す形を「りゃんけん」といっていた。

漢字の特別な読み方 ①

名前　　　　月　　日

1 次の熟語(じゅくご)の読みを、絵を見て考えましょう。□から選んで書きましょう。

① 七夕（　　）

② 太刀（　　）

③ 紅葉（　　）

④ 小豆（　　）

⑤ 眼鏡（　　）

⑥ 八百屋（　　）

⑦ 川原（　　）

⑧ 竹刀（　　）

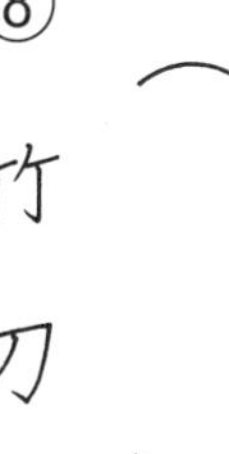

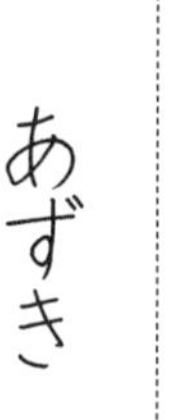

しない　かわら　もみじ　たち　たなばた　あずき
めがね　やおや

2 次の熟語の読みを、説明を読んで考えましょう。

① 海女（　　）　海にもぐって貝や海草をとる女の人。

② 梅雨（　　）　六～七月に降(ふ)る長雨。または、その季節。

③ 田舎（　　）　都会から遠くはなれたところ。

④ 時雨（　　）　秋から冬にかけて、一時的に降る小雨。

⑤ 息子（　　）　男の子ども。

⑥ 師走（　　）　昔のこよみで十二月のこと。

漢字の特別な読み方 ②

名前

月　日

1 次の熟語（じゅくご）の読みを、絵を見て考えましょう。□から選んで書きましょう。

① 吹雪（　　）

② 海老（　　）

③ 陽炎（　　）

④ 神楽（　　）

⑤ 土筆（　　）

⑥ 上手（　　）

⑦ 百合（　　）

⑧ 下手（　　）

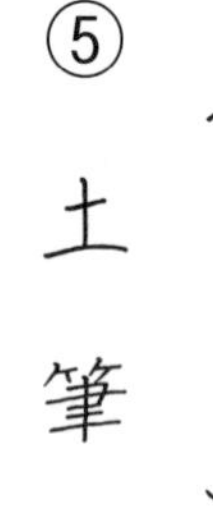

ゆり　じょうず　へた　つくし　ふぶき　えび
かげろう　かぐら

2 次の熟語の読みを、説明を読んで考えましょう。

① 今朝（　　）今日の朝のこと。

② 清水（　　）地中からわき出る清らかな水。

③ 果物（　　）木や草の実。りんごやみかんなど。

④ 迷子（　　）道に迷（まよ）った子どもや人。連れとはぐれること。

⑤ 山車（　　）祭りで、人形や花などをかざりつけ、引き回す屋台。

⑥ 二十日（　　）にじゅう日のこと。

漢字の特別な読み方 ③

名前

月　日

1 次の漢字は、漢字一字ごとの読みではなく、二字または三字で特別な読み方をします。読み方が合うものを——で結びましょう。

(1)
①今日・　・㋐かわら
②今朝・　・㋑けさ
③川原・　・㋒きょう

(2)
①友達・　・㋐ざこ
②雑魚・　・㋑はつか
③二十日・　・㋒ともだち

(3)
①二十才・　・㋐つゆ
②八百屋・　・㋑はたち
③梅雨・　・㋒やおや

(4)
①笑顔・　・㋐うなばら
②素人・　・㋑えがお
③海原・　・㋒しろうと

2 次の特別な読み方をする漢字を□から選んで書きましょう。

①まっさお
②はかせ
③へや
④あすか
⑤おとつい（おととい）
⑥まっか
⑦しみず
⑧あるじ
⑨あす
⑩ふたり

部屋　主人　清水　一昨日　二人　真っ青　飛鳥　明日　博士　真っ赤

熟語の組み立て ①

名前　　　　月　　日

1 意味が反対や対になる漢字で、熟語を作りましょう。

男　高　勝　退　楽　進　女　低　負　苦

（　　）（　　）（　　）

（　　）（　　）

2 意味が似たものになる漢字で、熟語を作りましょう。

上　絵　画　助　富　永　久　救　禁　豊

（　　）（　　）（　　）

（　　）（　　）

3 上の漢字が下の漢字を修飾する熟語になるように、□に合う漢字を▢から選んで書きましょう。

① 強［敵］
② □橋
③ 海□
④ 時□
⑤ 魚□
⑥ □圧
⑦ □営
⑧ 古□

群　都　気　直　報　敵　鉄　底

4 下の漢字が上の漢字を修飾する熟語になるように、□に合う漢字を▢から選んで書きましょう。

① ［帰］国
② 入□
③ □金
④ □書
⑤ □馬
⑥ 消□
⑦ □職
⑧ 投□

読　退　院　帰　票　預　乗　毒

熟語の組み立て ②

名前

月　日

1 次の言葉から熟語（じゅくご）を書き、（　）に読み方を書きましょう。

① 曲を作る　□（　）

② 情け（なさ）が無い　□（　）

③ 静かに保養（ほよう）　□（　）

④ 園を開く　□（　）

⑤ 新しい米　□（　）

⑥ 席に着く　□（　）

⑦ 熱を加える　□（　）

⑧ 学校の門　□（　）

⑨ 点を得（え）る　□（　）

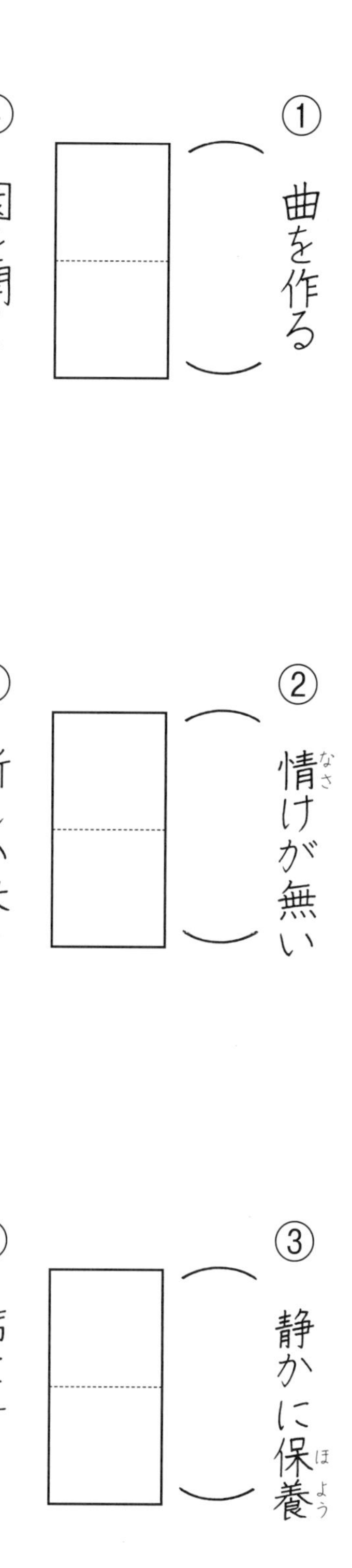

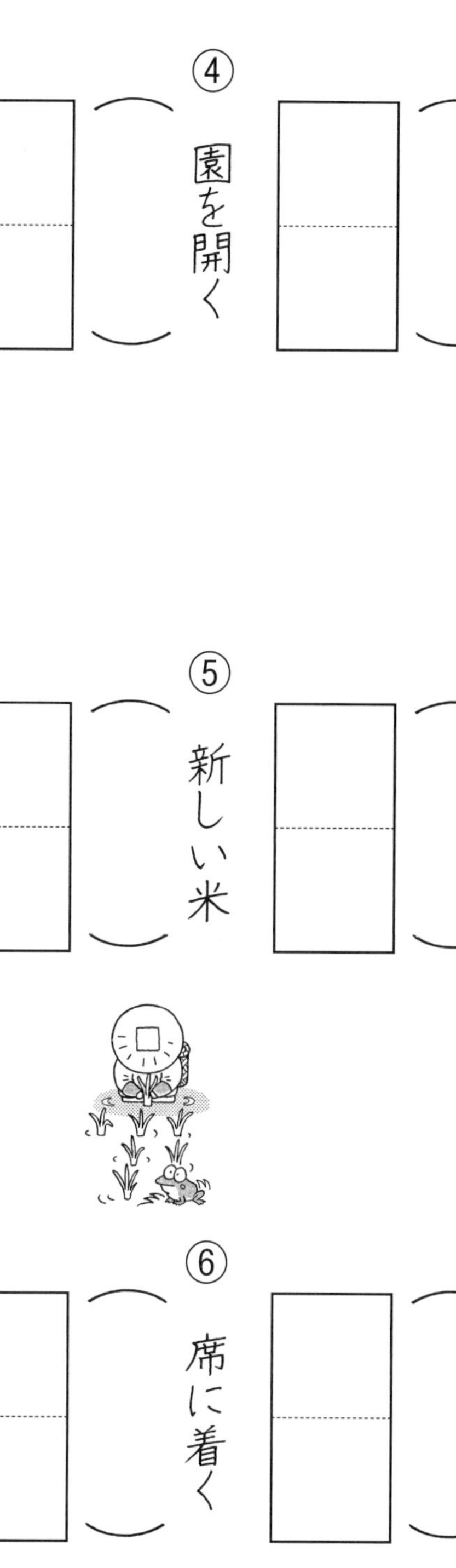

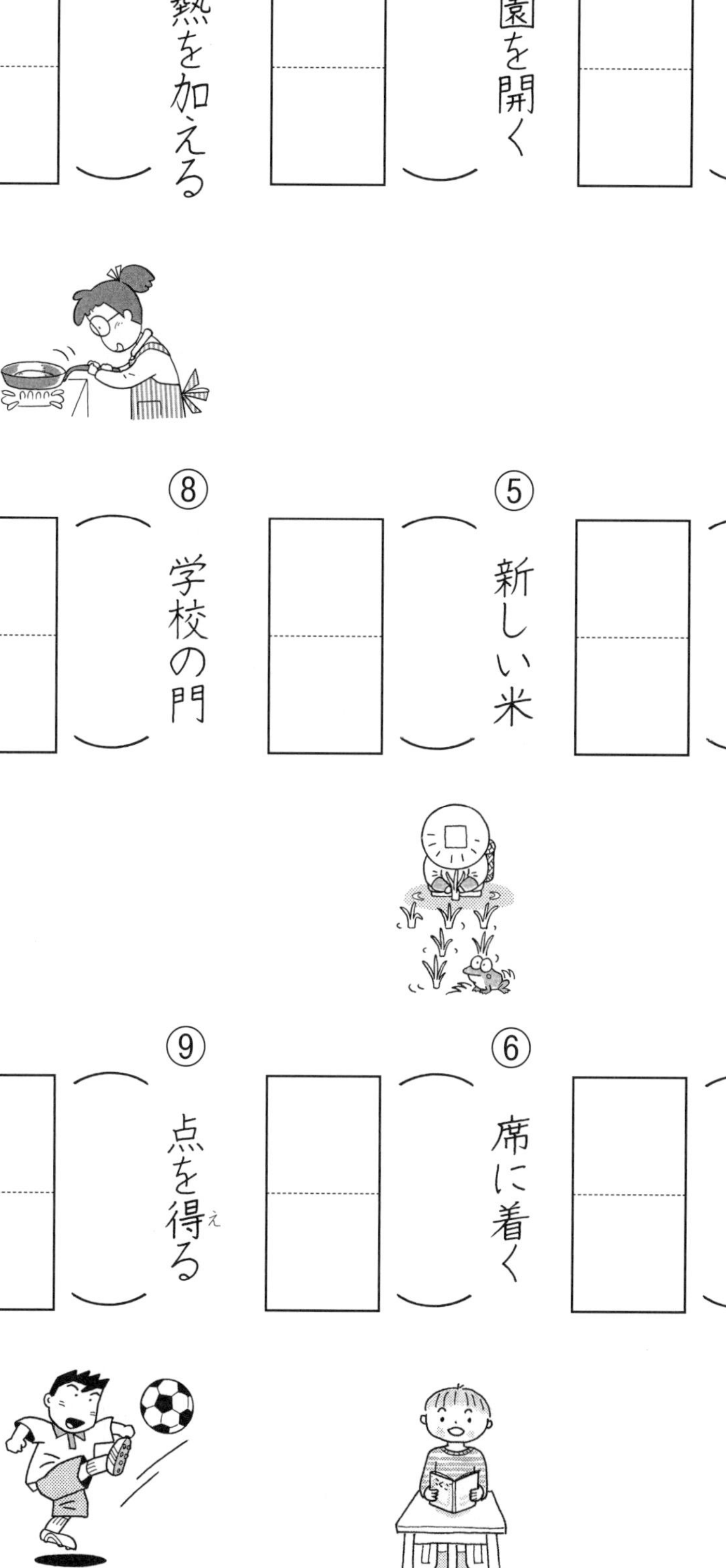

2 次の熟語の上下を入れかえて熟語を作り、読み方も書きましょう。

① 学科（がっか）→ □（　）者になる

② 力学（りきがく）→ 算数の □（　）

③ 陸上（りくじょう）→ □（　）する

④ 走力（そうりょく）→ □（　）する選手

⑤ 外海（そとうみ）→ □（　）旅行

⑥ 終始（しゅうし）→ 一部 □（　）

⑦ 落下（らっか）→ 物価（ぶっか）が □（　）する

⑧ 別個（べっこ）→ □（　）に包装（ほうそう）

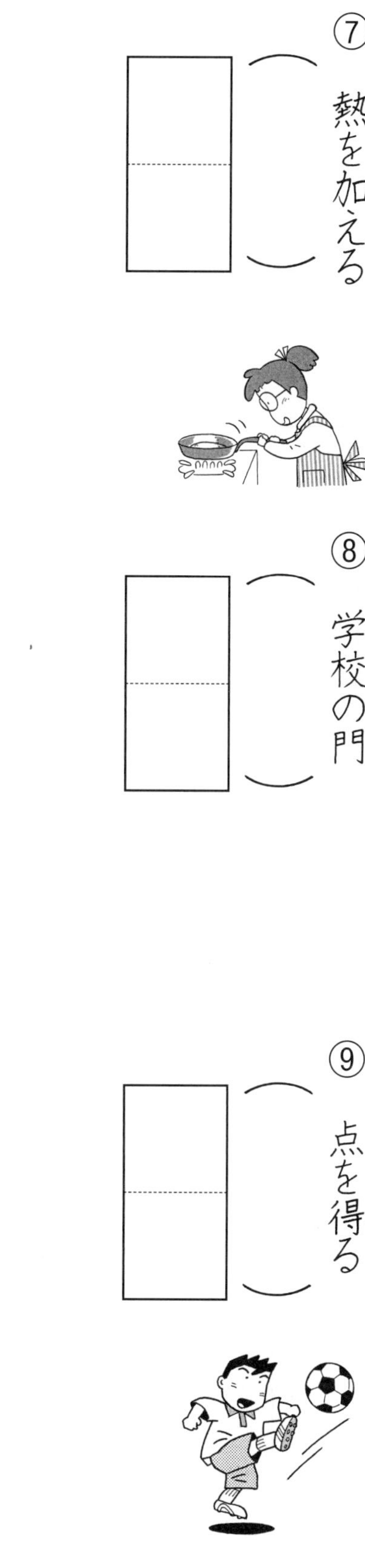

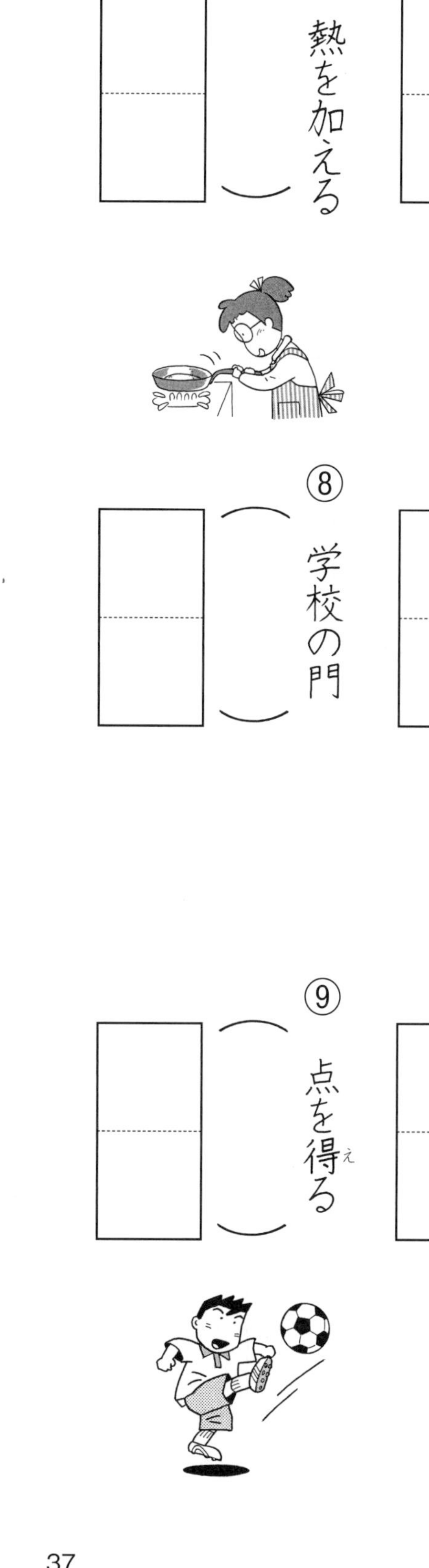

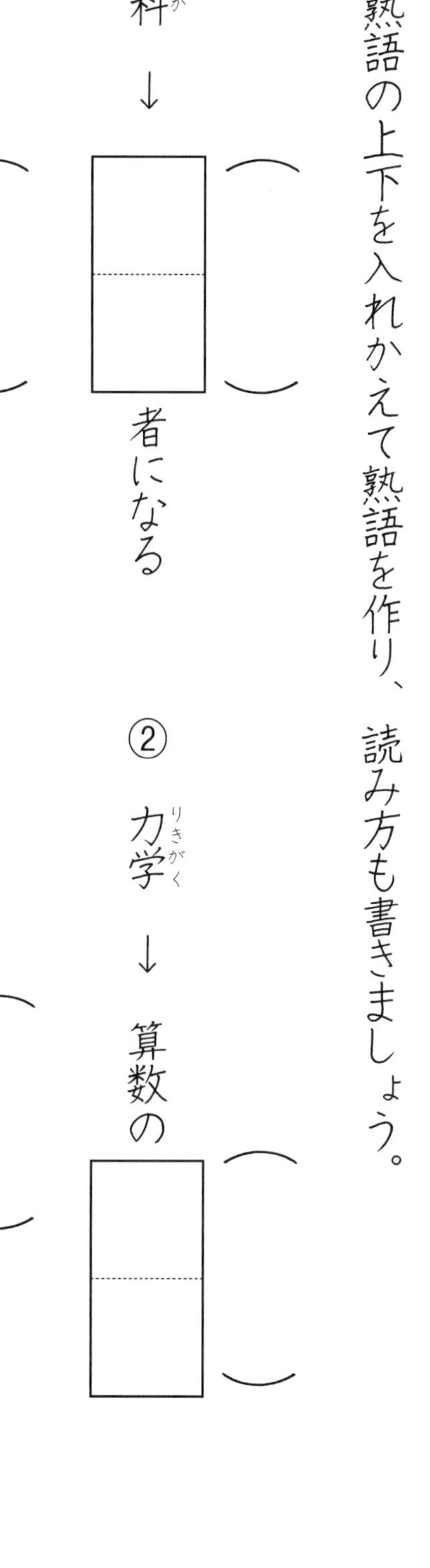

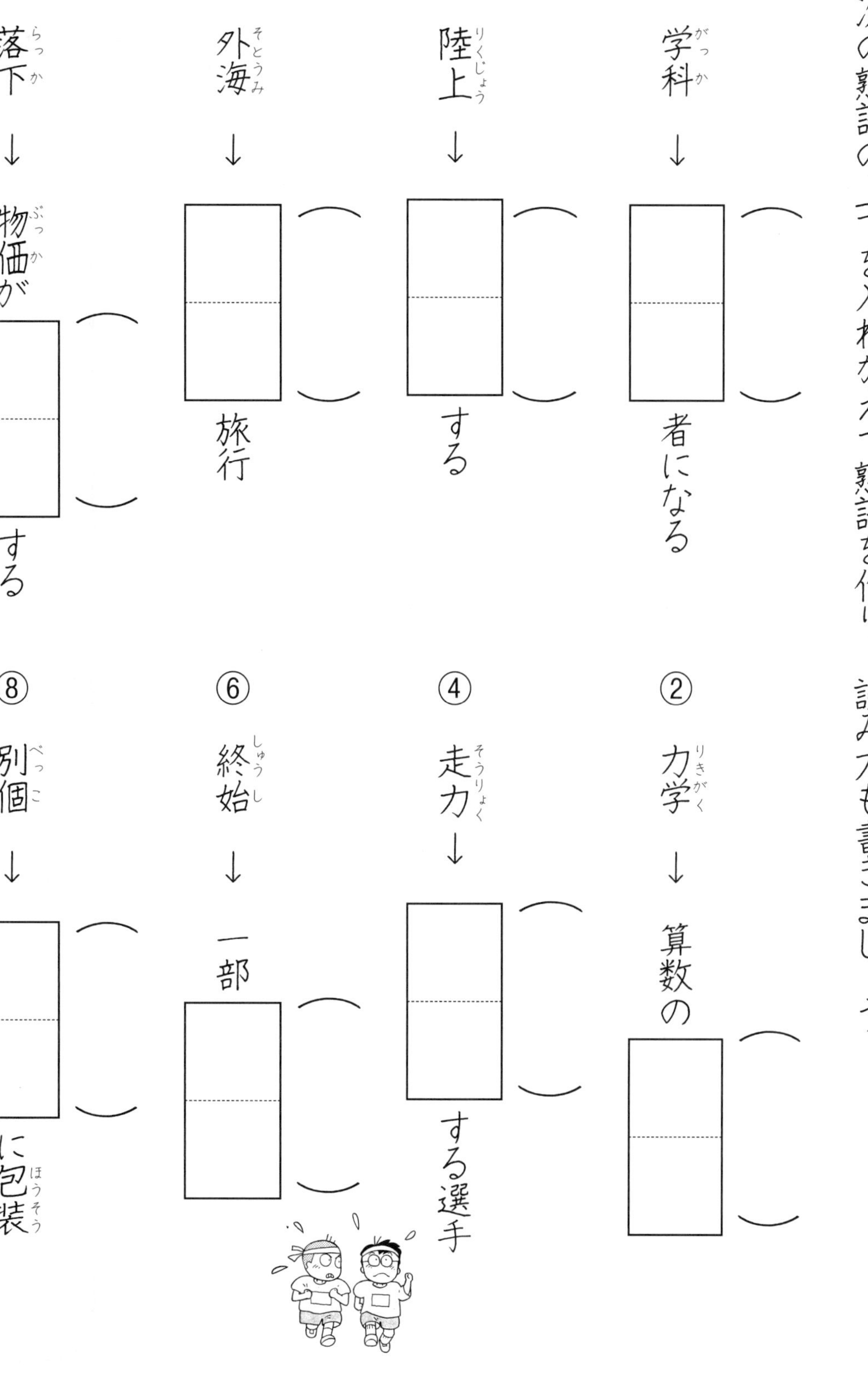

複合語 ①

名前　　　月　　日

〈複合語〉…二つ以上の言葉が組み合わさって、一つの言葉になったもの。組み合わさったときに、言い方が変わることもある。

走り出す　書き出す
歩き出す　飛び出す
行き出す　話し出す

1 上の言葉を組み合わせて複合語になる言葉を、それぞれ㋐〜㋒から選んで——で結びましょう。

(1)
① 読み・　　・㋐ 教室
② 夏・　　・㋑ 書き
③ ピアノ・　　・㋒ 休み

(2)
① 春・　　・㋐ 体操（たいそう）
② ショート・　　・㋑ ケーキ
③ ラジオ・　　・㋒ 風

2 次の言葉を組み合わせてできる複合語を□に書きましょう。

① 心 ＋ 細い ⇓ □
② 消す ＋ ゴム ⇓ □
③ 暑い ＋ 苦しい ⇓ □
④ 流れる ＋ 星 ⇓ □
⑤ 山 ＋ 登る ⇓ □
⑥ 受ける ＋ 取る ⇓ □

3 次の複合語を元の言葉に分けましょう。

① 年賀はがき ⇓ （　　）＋（　　）
② 製糸（せいし）工場 ⇓ （　　）＋（　　）
③ 飛び上がる ⇓ （　　）＋（　　）
④ 借り物競走 ⇓ （　　）＋（　　）＋（　　）

複合語 ②

名前　　　　月　　日

1 次の言葉を組み合わせて、複合語（ふくごうご）を作りましょう。

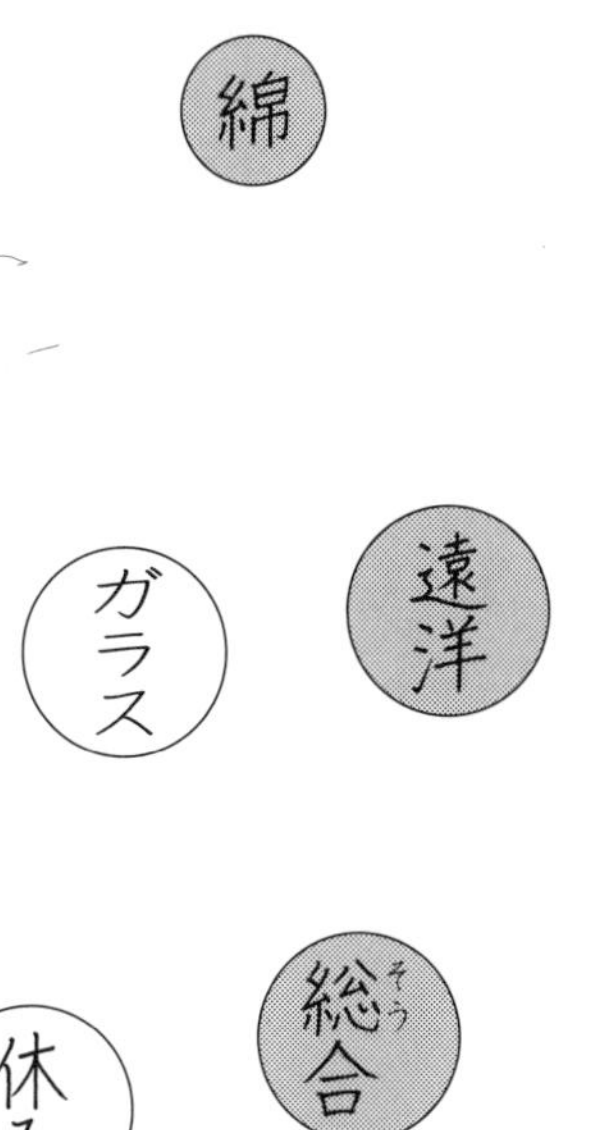

漁業　筆　昼　織（おり）物　箱　問題　窓（まど）

㋐　㋑　㋒　㋓　㋔　㋕

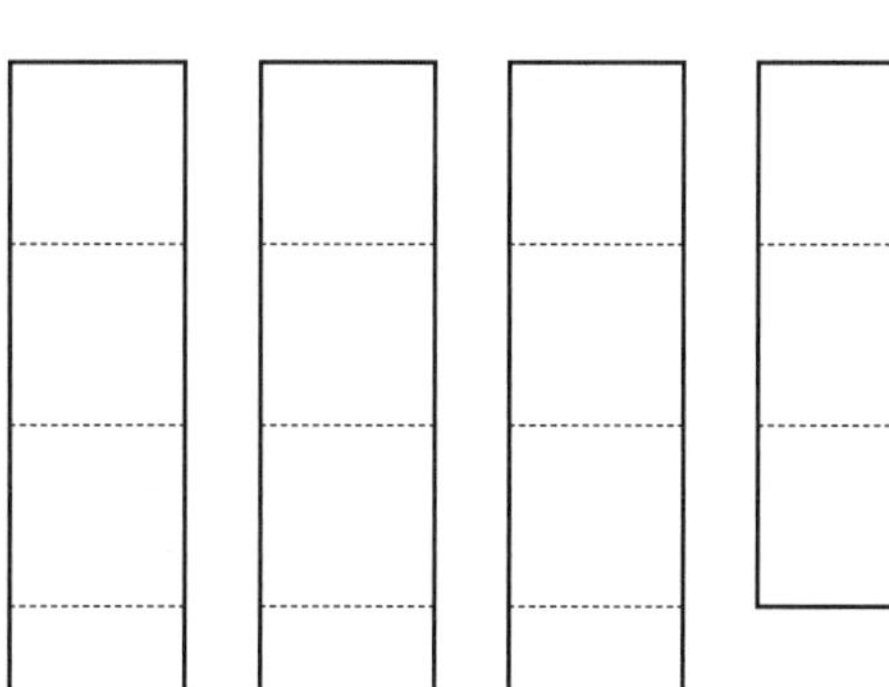

2 次の言葉を組み合わせてできる複合語を□に書きましょう。読み方を（　）に書きましょう。

① 雨 ＋ 雲 ⇒ □（　　）

② 風 ＋ 車 ⇒ □（　　）

③ 船 ＋ 旅 ⇒ □（　　）

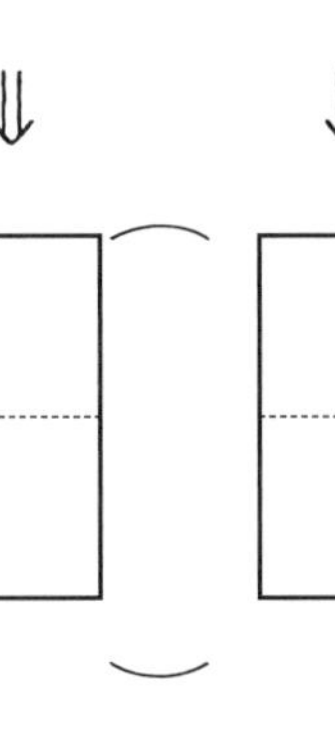

④ 草 ＋ 花 ⇒ □（　　）

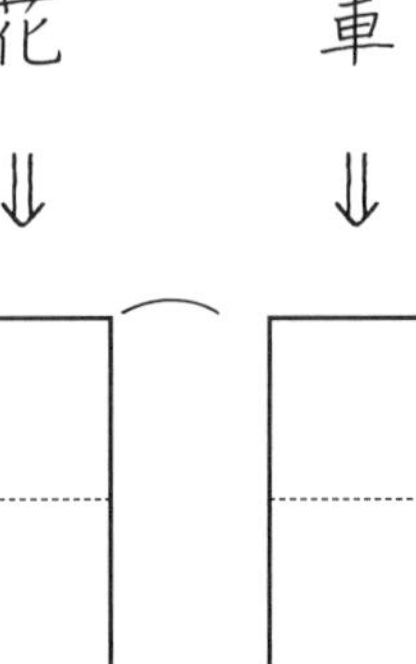

⑤ 鼻 ＋ 血 ⇒ □（　　）

⑥ 自由 ＋ 形 ⇒ □（　　）

3 次の言葉は、どのような組み合わせでできていますか。□から選んで（　）に記号を書きましょう。

① 早起き（　　）

② オールスター（　　）

③ プロ野球（　　）

④ 温度計（　　）

⑤ 紙コップ（　　）

⑥ 水風船（　　）

- ㋐ 外来語と外来語
- ㋑ 和語と外来語
- ㋒ 外来語と漢語
- ㋓ 和語と和語
- ㋔ 漢語と漢語
- ㋕ 和語と漢語

三字・四字熟語

名前

月　日

□ 三字熟語（じゅくご）の成り立ち

① 行進 ＋ 曲
② 新 ＋ 幹線（かんせん）
③ 大 ＋ 中 ＋ 小

□ 四字熟語の成り立ち

① 軽 ＋ 自動車
② 公立 ＋ 学校
③ 日本海 ＋ 側
④ 春 ＋ 夏 ＋ 秋 ＋ 冬

1 次の熟語に一字加えて、三字熟語にしましょう。

① □家族
② □風船
③ 出席□
④ 群生□
⑤ □気圧（あつ）
⑥ □約束
⑦ □記録
⑧ □汽車

者　地　大　新　夜　紙　低　口

2 上下の熟語を組み合わせて四字熟語にしましょう。

① 林間□□
② 三角□□
③ 修（しゅう）学□□
④ 草食□□
⑤ 百人□□
⑥ 天気□□
⑦ 百科□□
⑧ 交通□□

定規（じょうぎ）　動物　辞典　予報（よほう）　学校　安全　旅行　一首

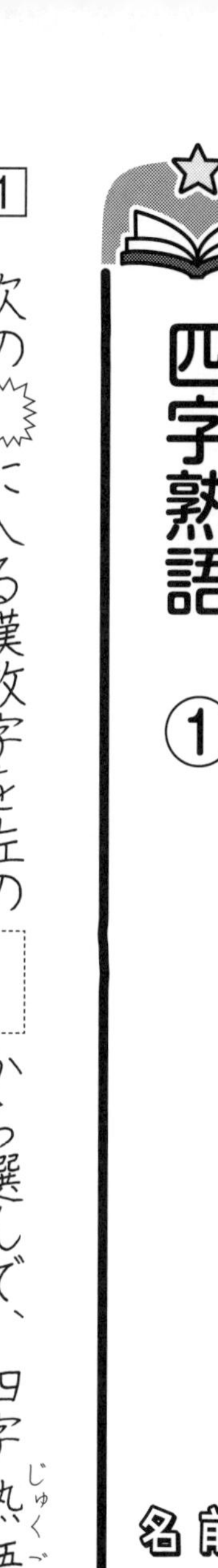

1 次の✸に入る漢数字を左の□から選んで、四字熟語（じゅくご）を完成させましょう。（　）には読みがなを書き、○には、あてはまる意味を記号で書きましょう。

① 十人✸色（　　）○
② ✸苦八苦（　　）○
③ 一日✸秋（　　）○
④ 一石✸鳥（　　）○
⑤ 心機✸転（　　）○

千	十	四
二	一	

㋐ あることをきっかけにして、すっかり心持ちが変わること。
㋑ 一挙両得（りょうとく）と同じで、一つの動作で二つの利益（りえき）を得る（え）こと。
㋒ 四つまたは八つの苦しみで、さんざん苦労すること。
㋓ 好みや考え、性格（せいかく）などは、人それぞれに異（こと）なっていること。
㋔ 一日が千年にも思えるほど、待ち遠しいこと。

2 次の四字熟語の□に合う漢字を□から選んで書き、その意味に合うものを下の㋐～㋔から選び、記号を○に書きましょう。

① □□未聞（みもん）○
② 自業□□ ○
③ 臨機（りんき）□□ ○
④ □□無根 ○
⑤ □□投合 ○

応変（おうへん）	意気	前代	自得（じとく）	事実

㋐ 今まで聞いたことがないほど、めずらしいこと。
㋑ 自分のした悪いことのむくいが、めぐりめぐって自分が受けること。
㋒ 相手と気持ちがぴったり合うこと。
㋓ そのときの状きょうに応じたやり方をすること。
㋔ まったく事実に基づいていないこと。

四字熟語 ②

名前

月　日

❀ 次の説明と絵を見て、あてはまる四字熟語(じゅくご)を□から選び、（　）に読みがな、□に漢字を書きましょう。

① あっちへ行ったり、こっちへ行ったり混乱(こんらん)しているようす。

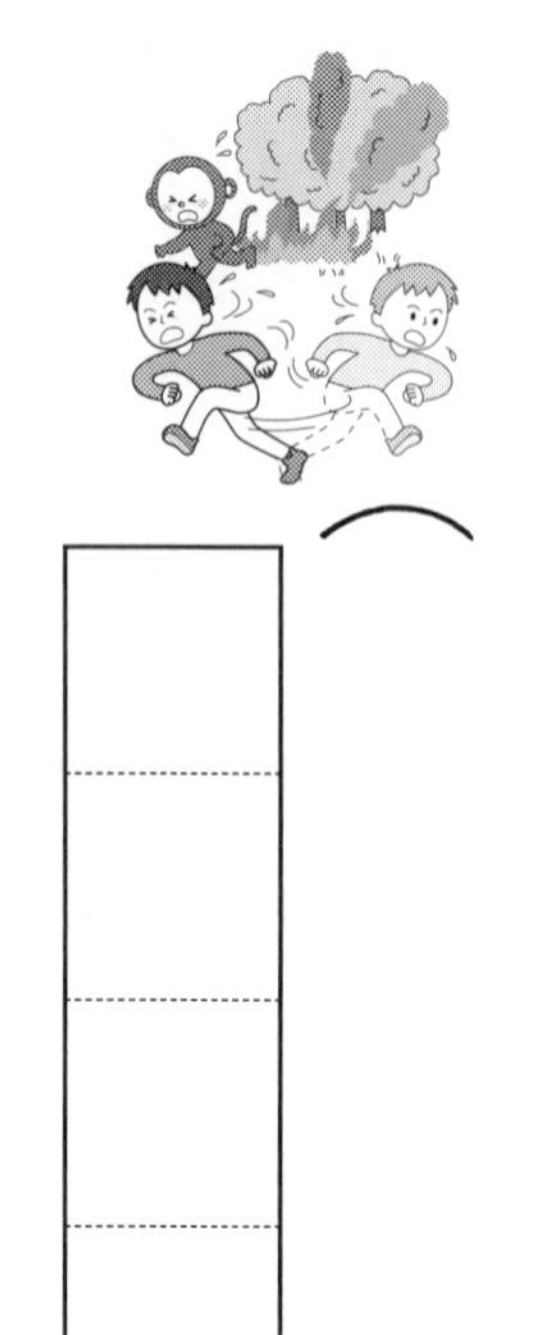

（　　　　）

② 注意を忘(わす)れると、敵(てき)に負かされてしまうこと。

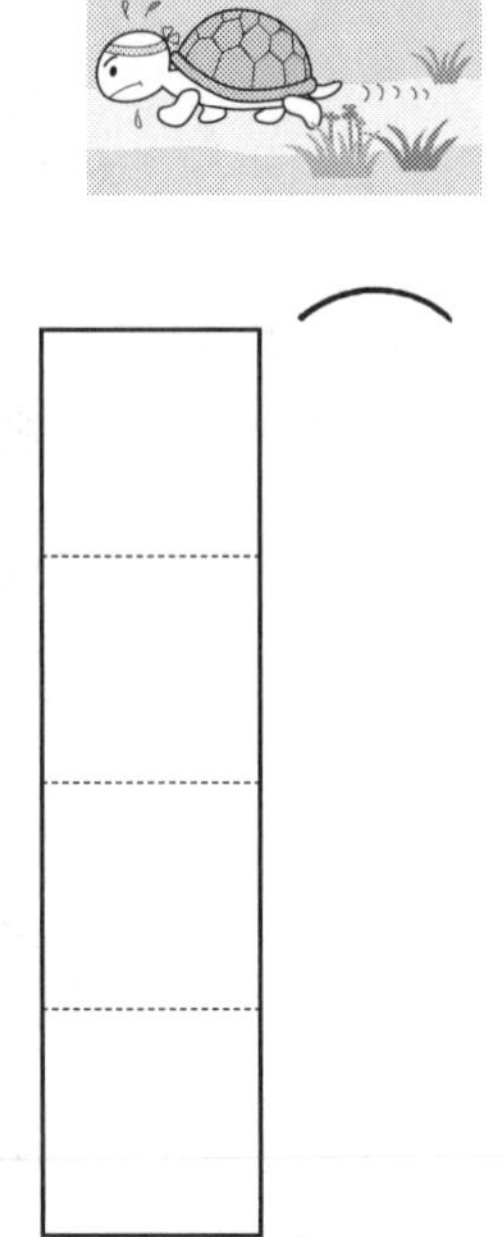

（　　　　）

③ 欠点やたりないものが全くないこと。

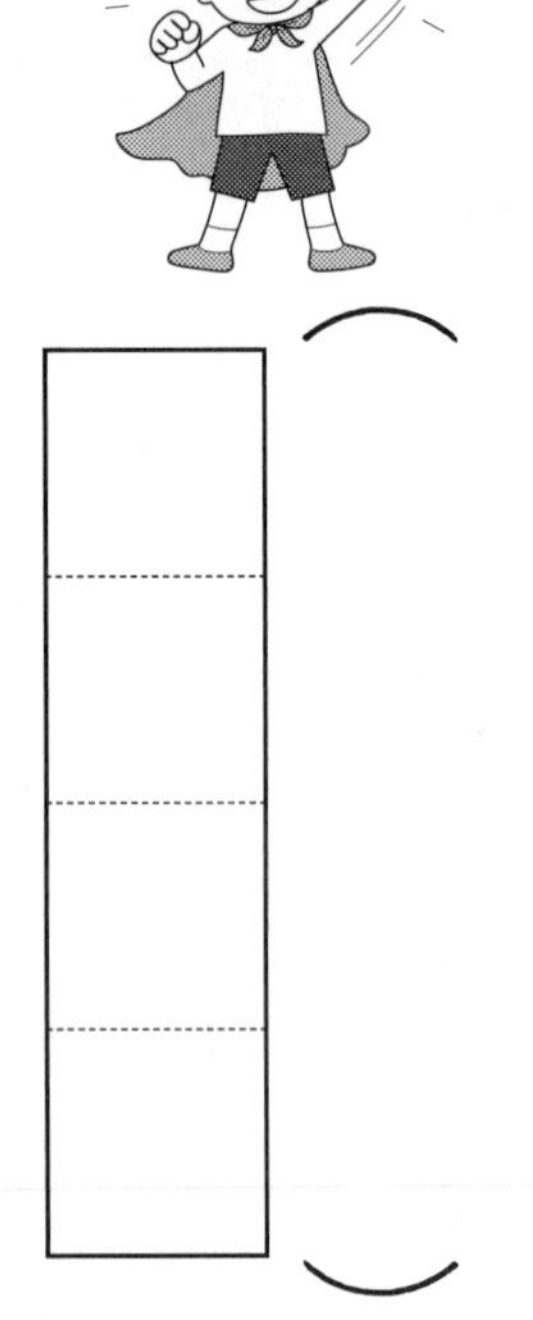

（　　　　）

④ とうていにげられない、困(こま)ったようす。

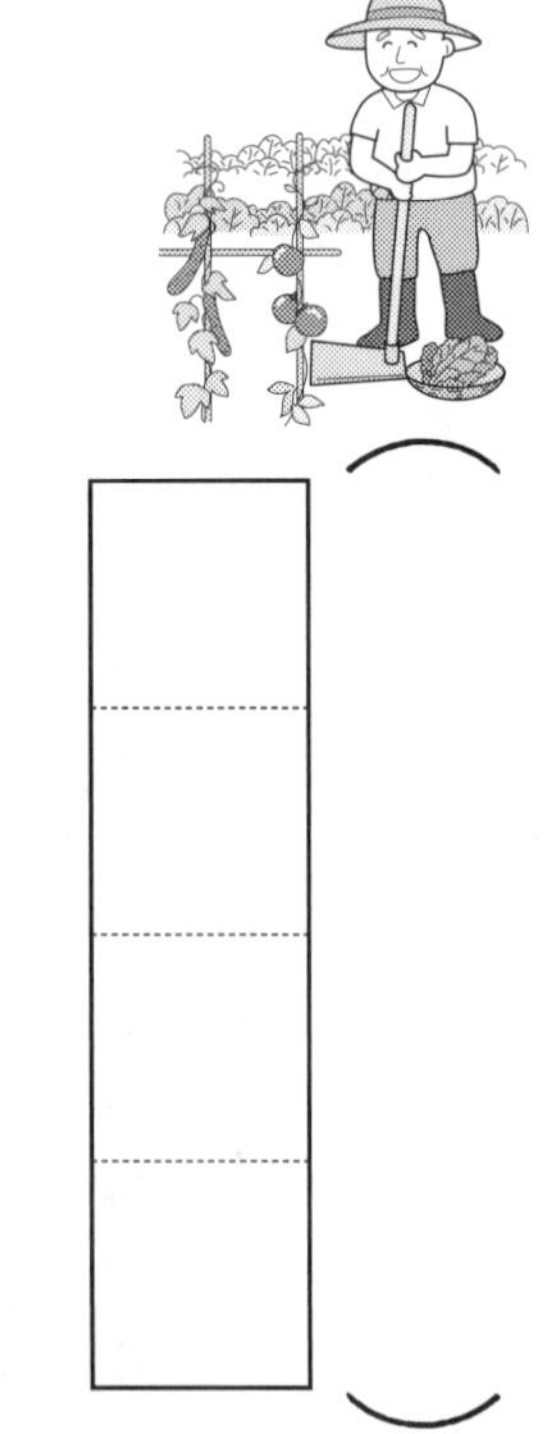

（　　　　）

⑤ 自分に必要なものを自分で作り、生活を満たすこと。

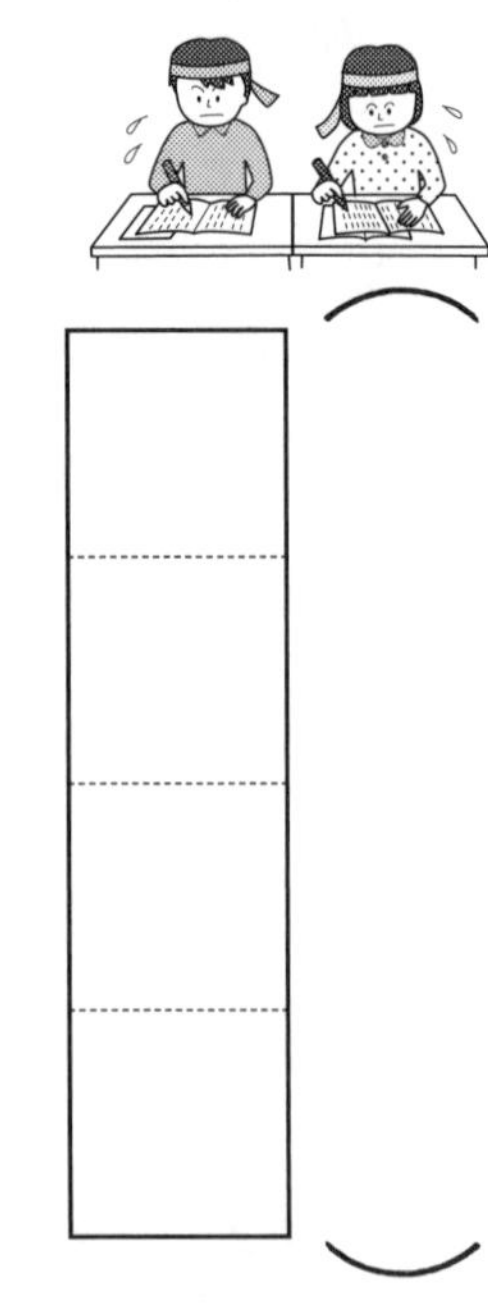

（　　　　）

⑥ 計画や予想がすべて当たること。

（　　　　）

自給自足　完全無欠　百発百中
右往左往　絶体絶命　油断大敵

四字熟語 ③

名前

月　日

✿ 次の□に○の漢字と反対の意味の漢字を書いて、説明に合う四字熟語を完成させます。（　）には読み方を書きましょう。また、○には、その意味を下から選び、記号を書きましょう。

① 一㊌長一□　（　　）　○

② 一部□㊌終　（　　）　○

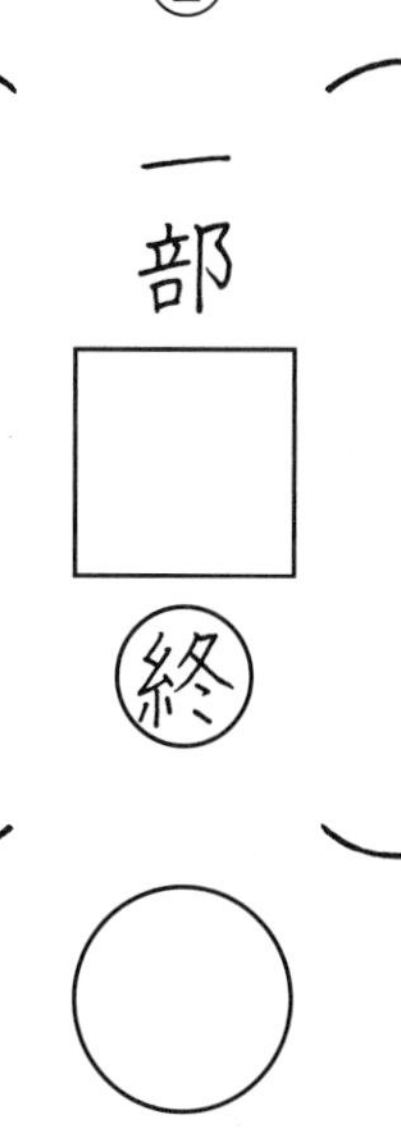

③ 一㊌進一□　（　　）　○

④ ㊌晴耕□読　（　　）　○

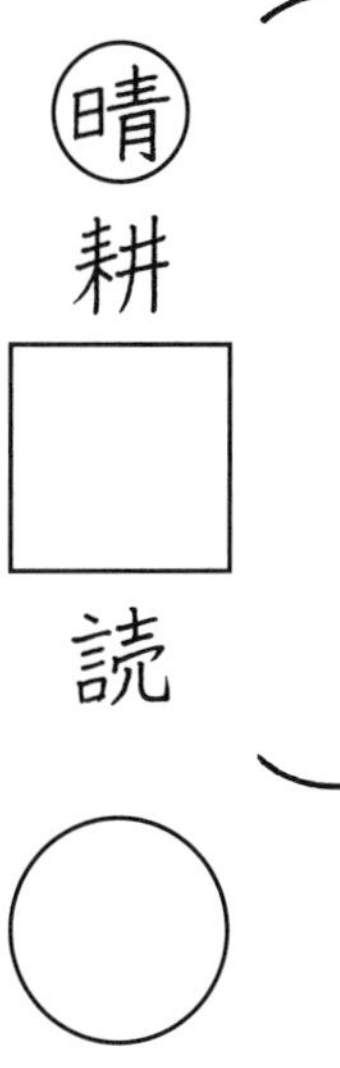

⑤ □名㊌無実　（　　）　○

⑥ 三□四㊌温　（　　）　○

⑦ 自㊌問自□　（　　）　○

⑧ □肉㊌強食　（　　）　○

㋐ 進んだり退いたりすること。

㋑ 自分に問いかけて、自分で答えること。

㋒ 始めから終わりまで。

㋓ 弱い者が強い者に食べられるということ。

㋔ 冬から春にかけて三日寒い日が続き、その後四日暖かい日が続くようす。

㋕ 良い所もあれば悪い所もあるということ。

㋖ 名ばかりで中味がないこと。

㋗ 晴れの日には畑を耕やして、雨の日には読書をしてくらすこと。

四字熟語 ④

名前　　　　　　月　　日

❀ 次の四字熟語の□に合う漢字を[　]から選んで書き、（　）に読みがなを書きましょう。また、○には、その意味を下から選び、記号で書きましょう。

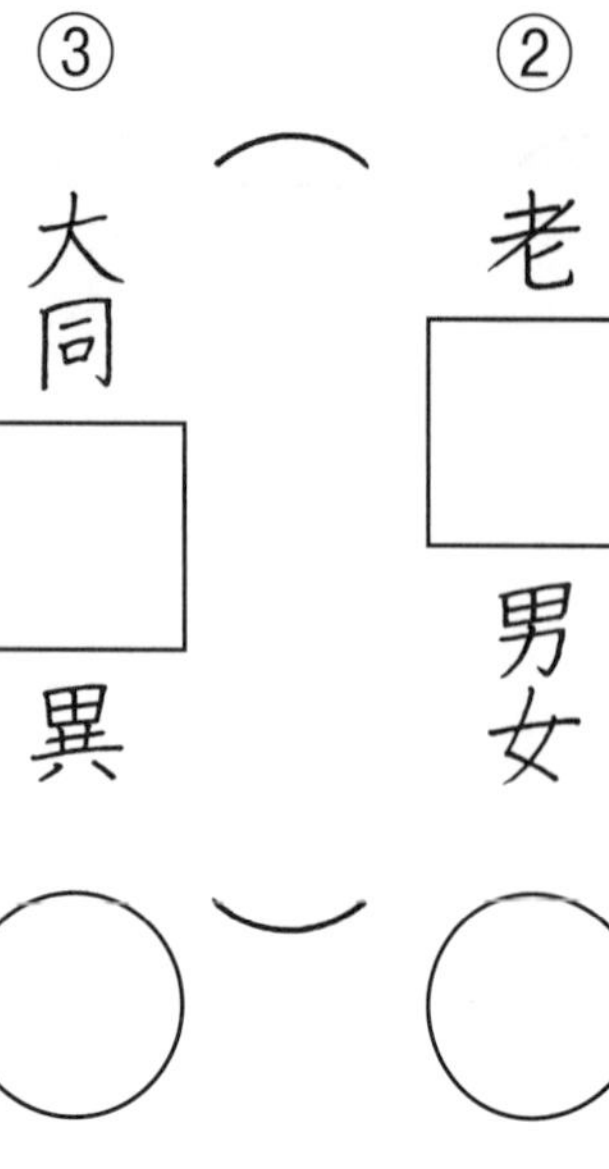

①（　　　　）古今□西　○

②（　　　　）老□男女　○

③（　　　　）大同□異　○

④（　　　　）以心□心　○

⑤（　　　　）百聞一□　○

⑥（　　　　）針小棒□　○

⑦（　　　　）半信半□　○

⑧（　　　　）有言実□　○

[見　伝　若　小　大　東　行　疑]

ア 言葉に出さなくても、おたがいの思うことが伝わること。

イ いったことは、必ず実行すること。

ウ 老いも若きも男も女も、あらゆる人びと。

エ 本当かどうか、信じてよいのか疑わしい気持ち。

オ 昔から今まで、あらゆるところで。いつでもどこでも。

カ 細かいところでは異っているが、大体は同じであること。

キ 物事を大げさにいうこと。

ク 何度も話に聞くより、実際に一度見た方がよくわかること。

四字熟語 ⑤

名前　　　月　　日

1 次の□に下の┆┆から漢字を選び、あてはめましょう。

① 県知事は、その難題(なんだい)を一刀□(りょう)断のもとに解決(かいけつ)した。

② 兄は、一念(いちねん)□(ほっ)起(き)して、毎朝、ランニングをすることにした。

③ 大きな事故(じこ)にあったが、九死一(きゅうしいっ)□(しょう)を得(え)た。

④ 閉店(へいてん)セール中のくつ屋が、二束三(にそくさん)□(もん)でくつを売っていた。

⑤ 弟は、自分の作品をじまんするので、まさに自画□(じ)賛(さん)だ。

⑥ 友だちが集まって、そこにいない友の悪口雑(あっこうぞう)□(ごん)をいっていた。

自	発	両	生	文	言

2 絵を見て、四字熟語(じゅくご)を完成させましょう。

① □(は)顔(がん)□(いっ)笑(しょう)

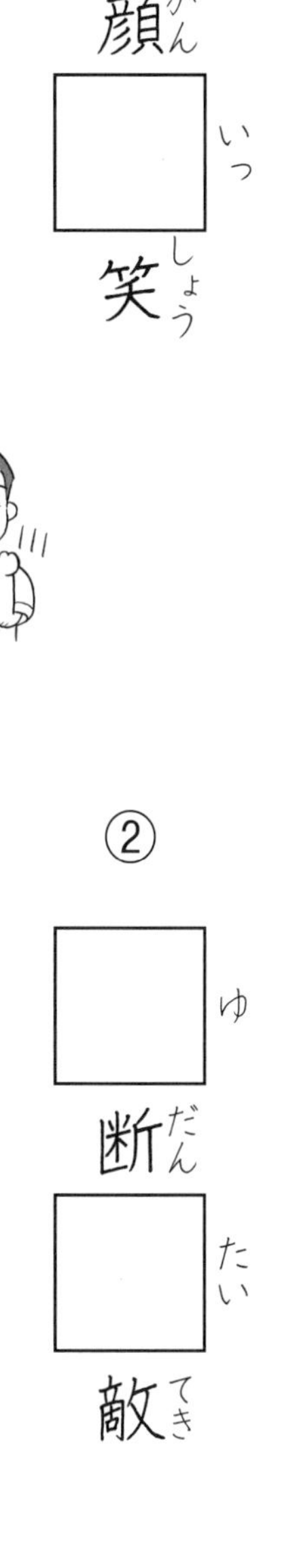

② □(ゆ)断(だん)□(たい)敵(てき)

③ 我(が)□(でん)引(いん)□(すい)

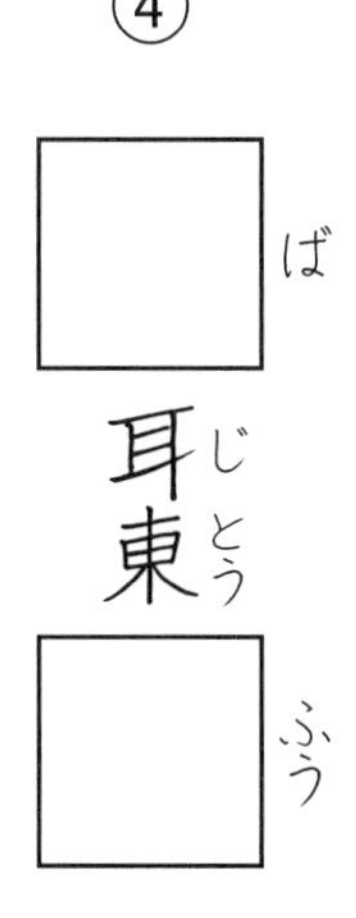

④ □(ば)耳(じ)東(とう)□(ふう)

漢字クロス ①

名前

月　日

1 矢印（→）の方へ読むと二字熟語（じゅくご）が４つできます。

①
名
物　　国
原

②
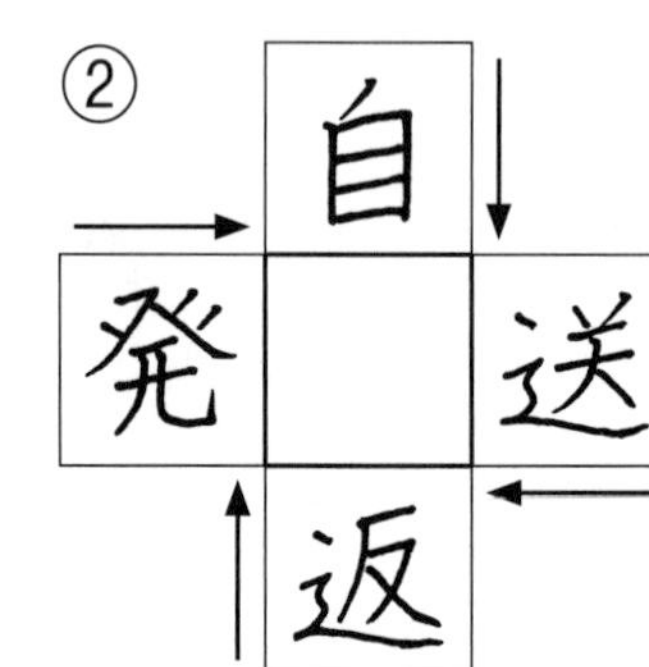

③
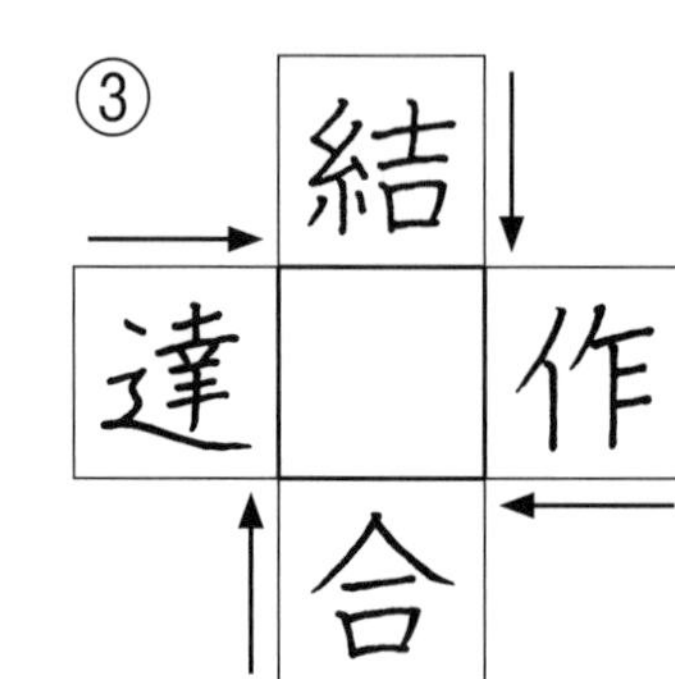

④
小
伝　　風
新

⑤
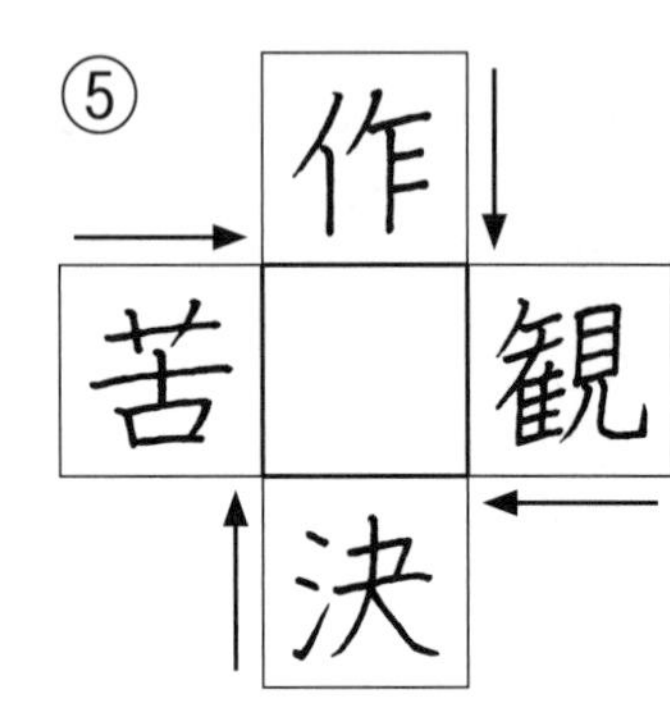

2 矢印（→）の方へ読むと二字熟語が４つできます。

①
港
場　　業
船

②
同
通　　感
有

③
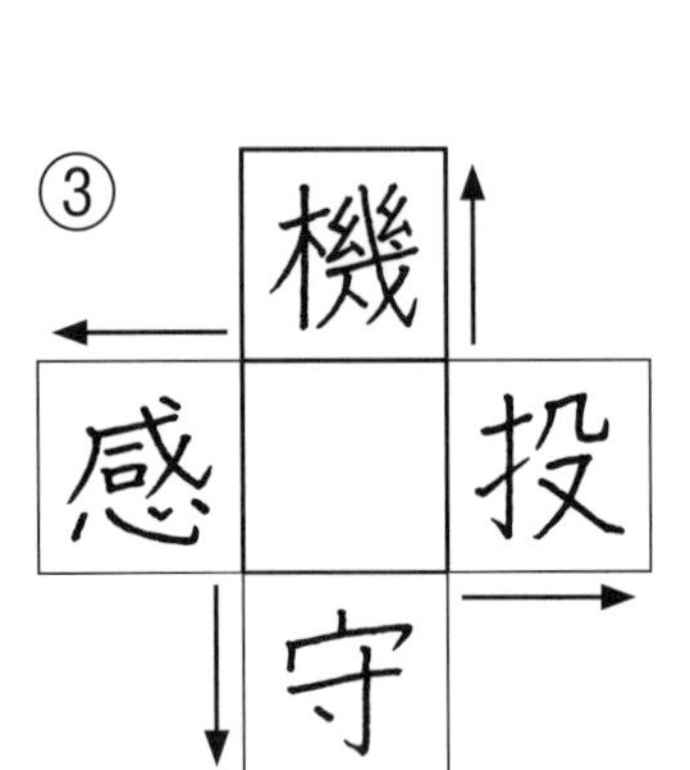

④
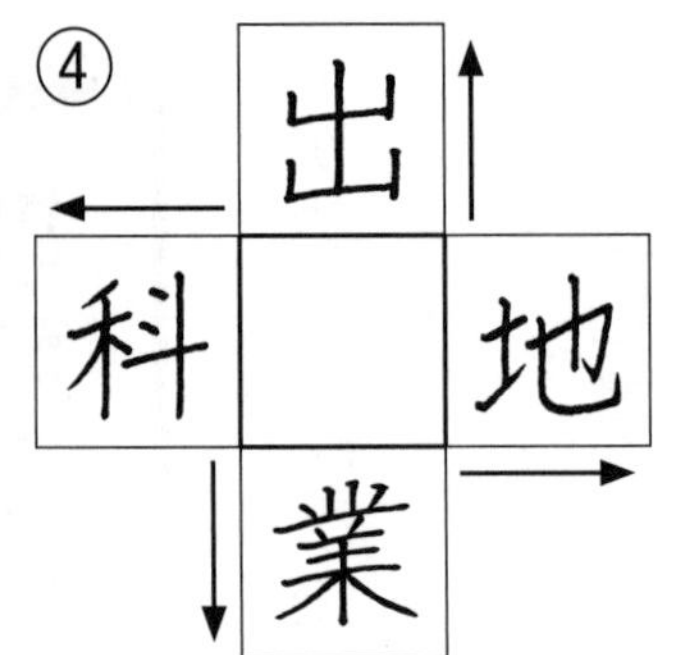

⑤
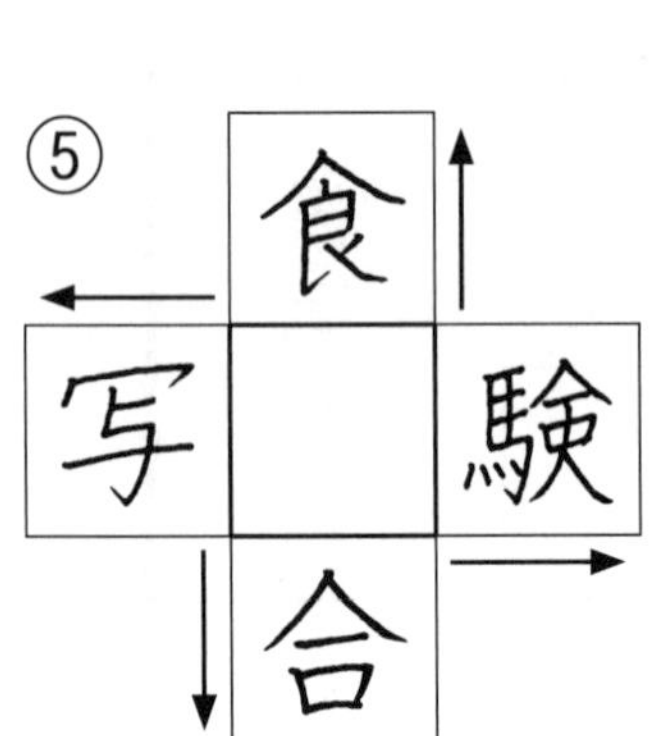

産　信　戦　成　説

漢字クロス ②

名前

月　日

1 矢印（→）の方へ読むと二字熟語（じゅくご）が4つできます。

①
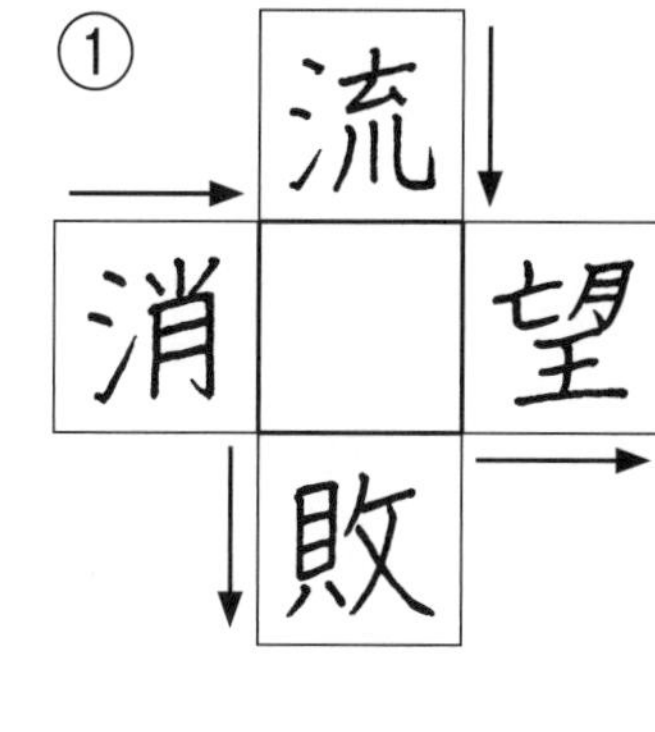

②
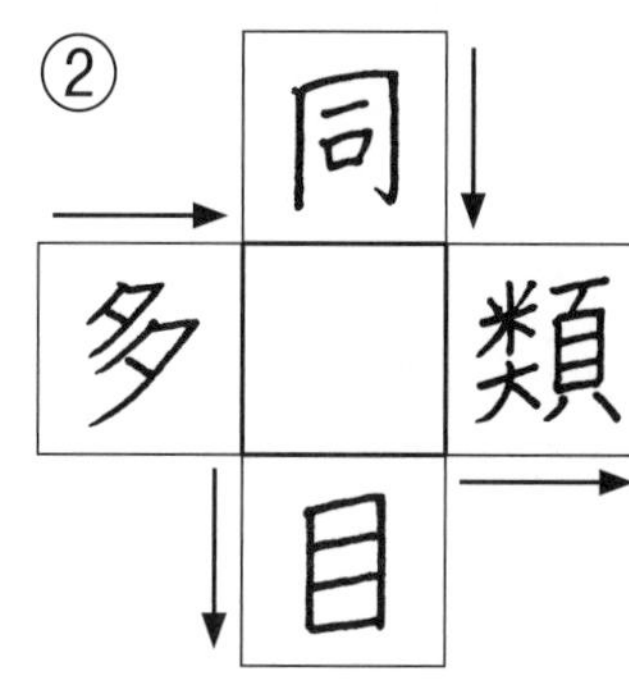

③
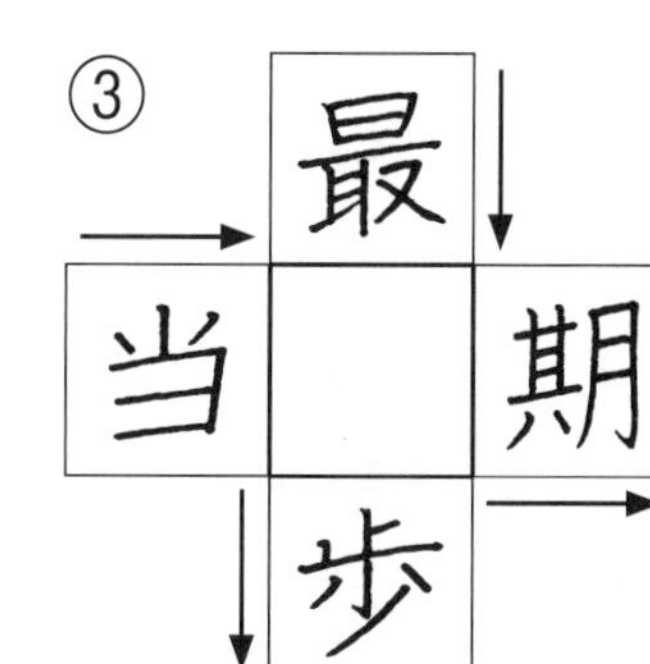

④
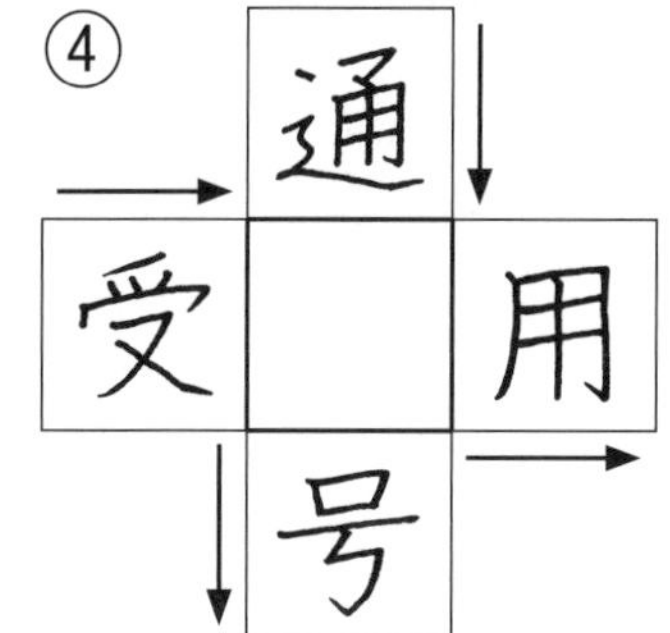

⑤

2 矢印（→）の方へ読むと二字熟語が4つできます。

①
当
季　電
水

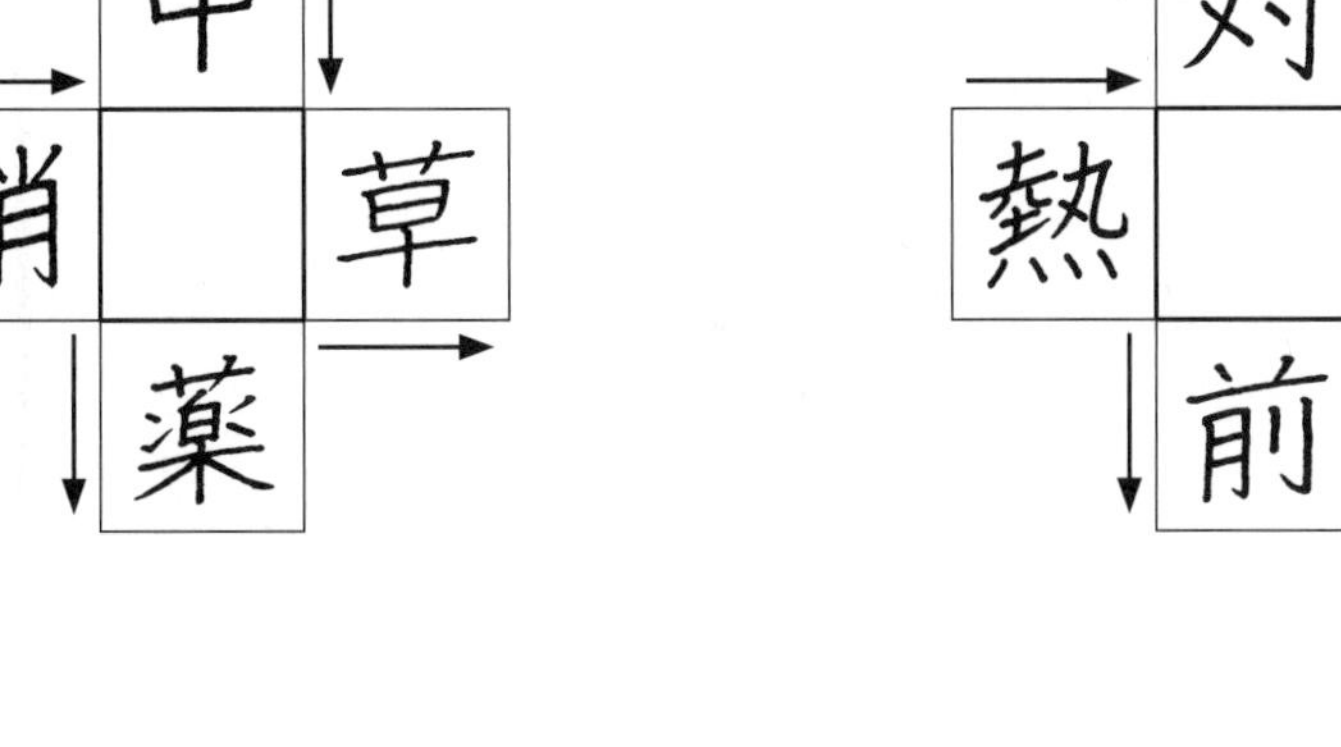

③
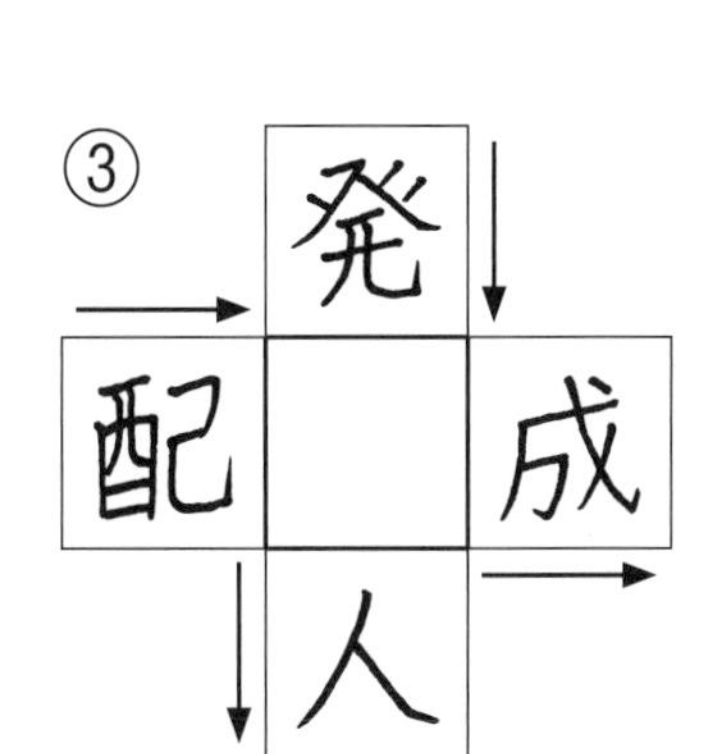

④
海
地　面
辺

漢字クロスワード ①

名前

月　日

1 タテ・ヨコの言葉を漢字で書きましょう。

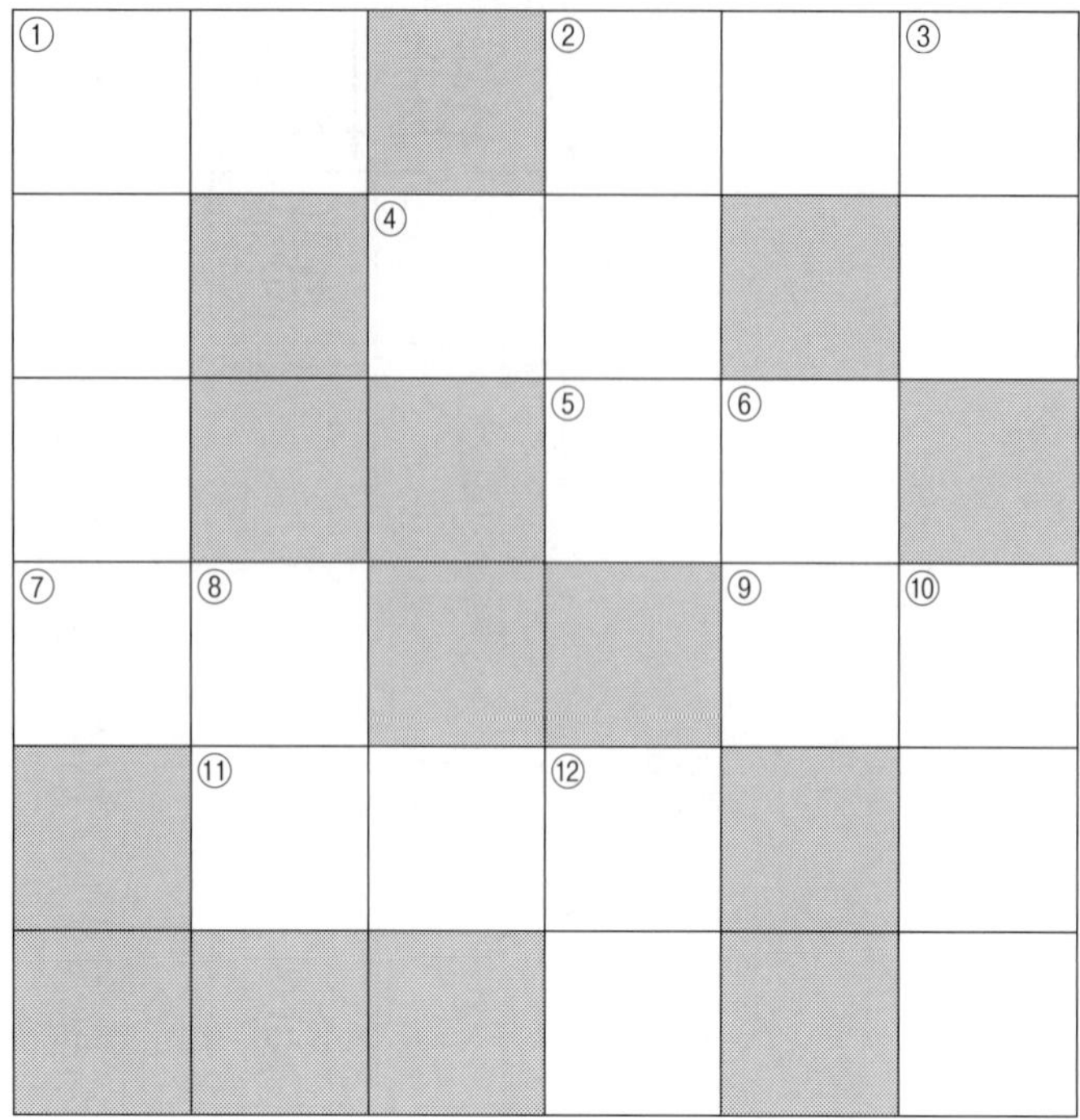

タテ

① しょうぎょうしゅぎ
② うんめいてき
③ かいぎ
⑥ ちゅうしん（まん中）
⑧ りそう
⑩ ろうどうしゃ
⑫ げか（内科の反対）

ヨコ

① しょうばい（品物の売り買い）
② うんどうかい
④ にんめい（役職を命じる）
⑤ てきちゅう（まとにあたる）
⑦ ぎり人情
⑨ しんろう（気づかれ）
⑪ そうていがい（思いの外）

同じ漢字がちがう読みで使われることもあるよ。

2 タテ・ヨコの言葉を漢字で書きましょう。

タテ

① げんだいしゃかい
③ こきょう
④ うんどう
⑥ とち
⑧ さくぶん
⑩ しょくじかい
⑫ がくようひん（がくしゅうに使うもの）

ヨコ

① げんじつ（理想の反対）
② じこ（不意に起こる悪い出来事）
⑤ きょうど（ふるさと）
⑦ どうさ（うごき）
⑨ かいしょく（集まっていっしょに食事をすること）
⑪ ぶんがく作品
⑬ じむ（会社などで書類の作成などをする仕事）
⑭ ようい（前もって準備すること）
⑮ そうかい（すべての会員が集まる会議）
⑯ へんぴん（しなものをかえすこと）

漢字クロスワード ②

名前

月　日

1　タテ・ヨコの言葉を漢字で書きましょう。

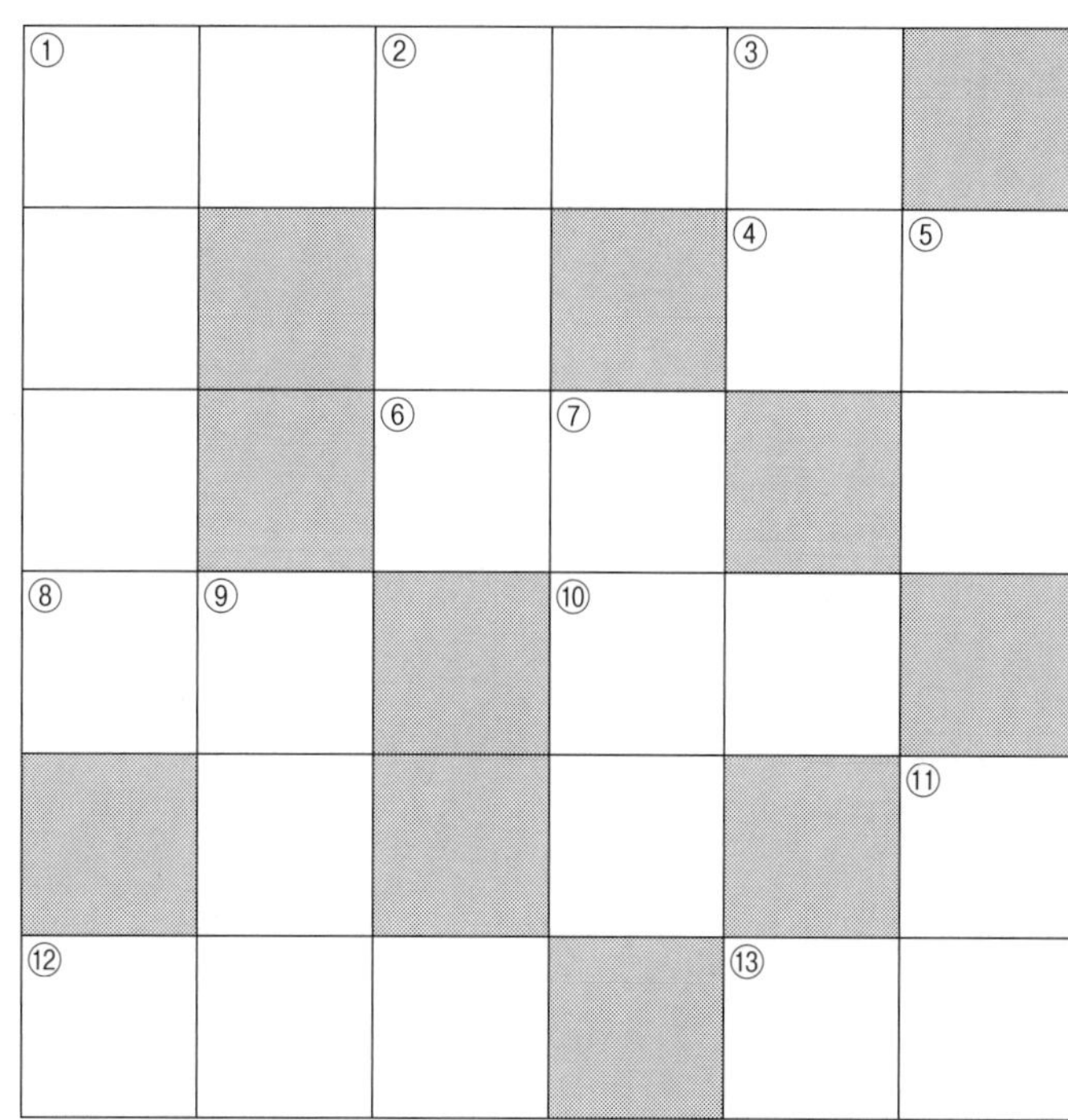

タテ

① とどうふけん
② ずこうしつ
③ かんちょう（としょかんの長）
⑤ たんめい（命がみじかいこと）
⑦ おんどけい
⑨ がいむしょう（外国との交しょうなどを受け持つ役所）
⑪ てきかく（まとを外さず、たしかなこと）

ヨコ

① 東京とりつとしょかん
④ ちょうたん（ながいみじかい）
⑥ しつおん（部屋のおんど）
⑧ けんがい（けんのそと）
⑩ どりょう（心の大きさ）
⑫ きせいさき（故郷へ帰る先）
⑬ せいかく（正しくたしかなこと）

2　タテ・ヨコの言葉を漢字で書きましょう。

タテ

① どうろこうじ
② どうさ
③ ぶっか（ものの値段）
④ ほうりょう
⑤ りかい
⑦ じょうほうか社会
⑨ せっとくりょく
⑪ きょくぶ（一部分）

ヨコ

① どうり
② どうしょくぶつ
④ ほうさく（作物がゆたかにとれる）
⑥ じじょう（ことの成り行き）
⑧ かいせつ
⑩ ほうどうきょく
⑫ でんか製品

漢字クロスワード ③

名前

月　日

1　タテ・ヨコの言葉を漢字で書きましょう。

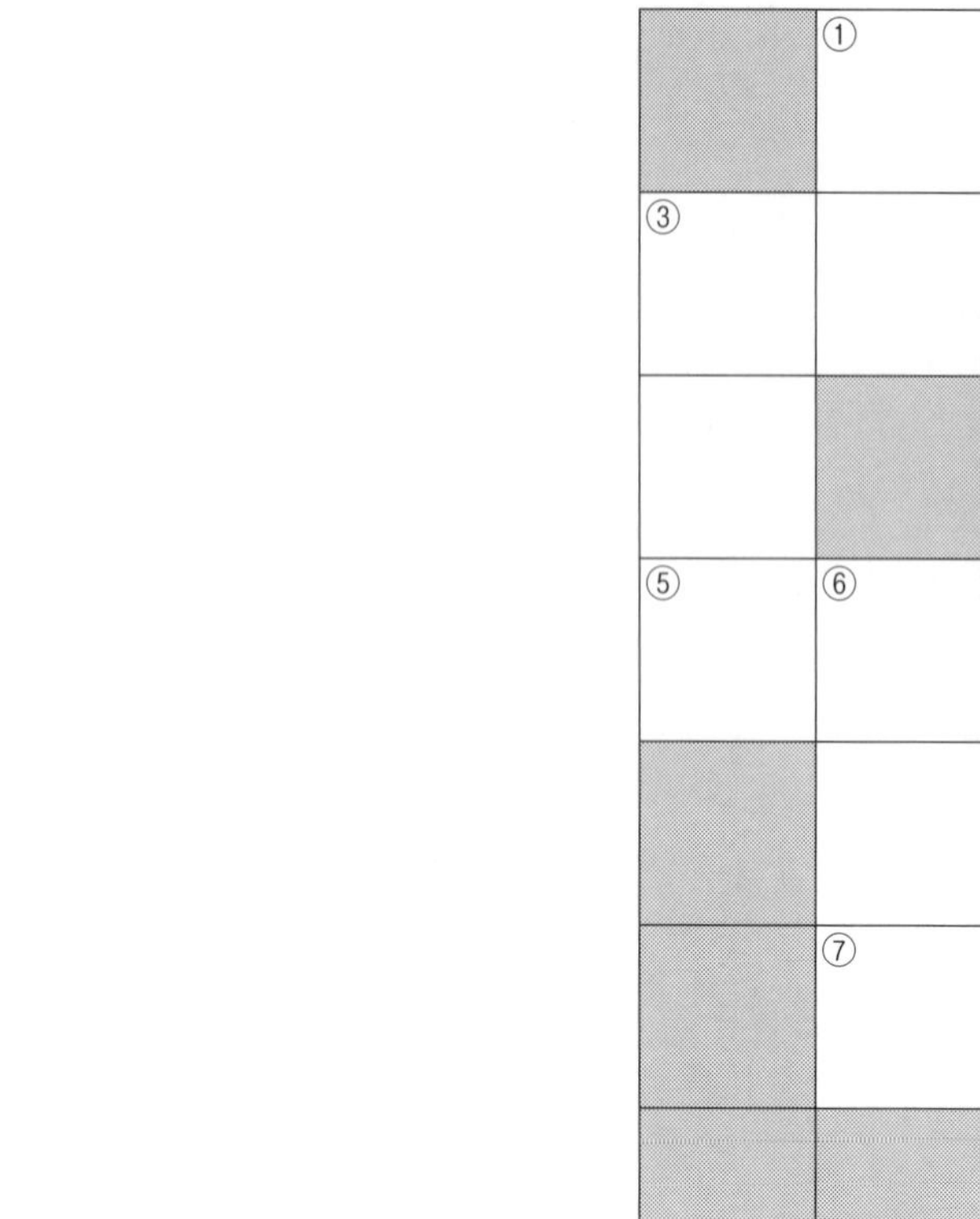

タテ

① 人の姿をまねして作ったもの。
② 国が管理する特にすぐれた美しい公園。
③ ある人の顔に似せてかいた絵。
⑥ 絵をかくための紙。
⑧ しょうぎのコマの１つ。「角行」とともに強いコマ。
⑨ その場に応じた、機びんな心の働かせ方「○○がきく」。

ヨコ

① 形はないが、文化的に大変価値がある人。
④ よごれた空気・水、さわがしい音など人びとの健康を害するもの。
⑤ 絵のこと。
⑦ 紙で折って作った飛行機。

2　タテ・ヨコの言葉を漢字で書きましょう。

タテ

① いろいろなことについてくわしく説明している本。
② 総理大臣をこういう。
③ 大ゲンカしたので、かれとは○○している。
⑥ 顔を合わせる式。
⑦ ラッキーなめぐり合わせ。「○○である」。
⑧ 大阪と神戸（兵庫県）。「○○地方」。

ヨコ

① 多くの歌人の和歌を一首ずつを選んで作られたもの。
④ 自動車で起こした悪いできごと。車がものにぶつかった。
⑤ まったく逆のこと。
⑨ 運動をうまく行う能力。

パズル ①

名前　　　　月　　日

❀ 文字の中に、干支（えと）の動物が入っています。

(1) 干支の動物の名前を□に書きましょう。

(2) 文字の中にかくれている干支を見つけて、文字に色をぬりましょう。

(3) 残った文字でできる動物は何でしょう。

に	わ	と	り	き	へ	ひ
た	つ	ら	ね	す	み	つ
う	さ	き	い	の	し	し
し	る	り	ぬ	う	ま	ん

パズル ②

名前

月　日

❀ 文字の中に、七草（春と秋）が入っています。

(1) かくれている七草（十四個）を見つけて、文字に色をぬりましょう。

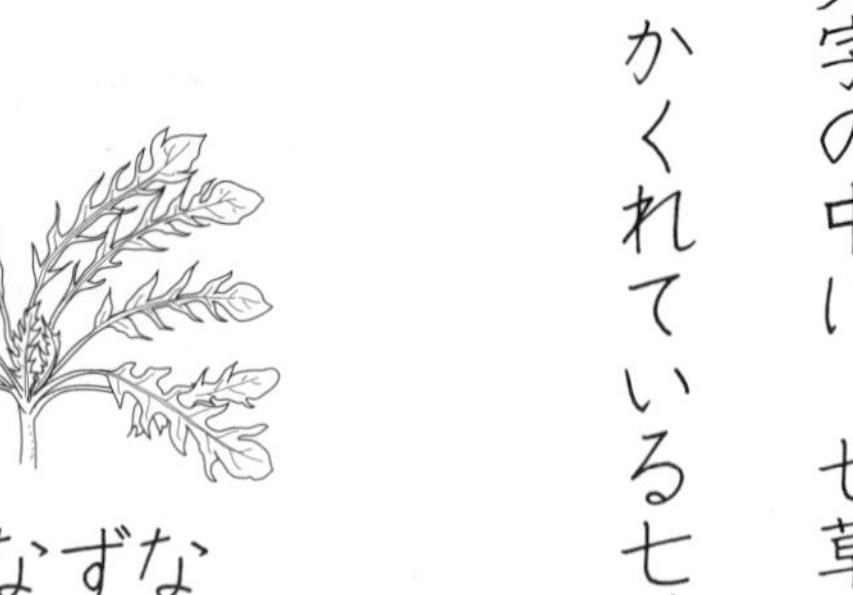

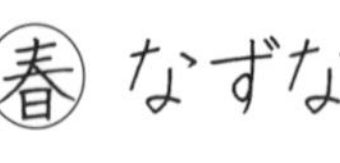

(春) なずな

(春) ごぎょう

(春) はこべ（はこべら）

(春) すずな

(春) すずしろ

(春) せり

(春) ほとけのざ

く	こ	き	よ	う	ふ
す	す	き	は	く	し
ほ	す	よ	こ	り	は
と	な	う	へ	せ	か
け	す	す	し	ろ	ま
の	な	て	し	こ	り
さ	し	え	な	み	お

(秋) はぎ

(秋) おみなえし

(秋) すすき

(秋) ききょう

(秋) なでしこ

(秋) くず

(秋) ふじばかま

(2) 残った文字でできる言葉（植物）は何でしょう。

なぞなぞ・なぞかけ ①

名前　　　　月　　日

① タヌキのタカラ箱に入っているのは何？

② おしゃべり大好きな道具は何？

③ ナイスなスイカがなるのは何？

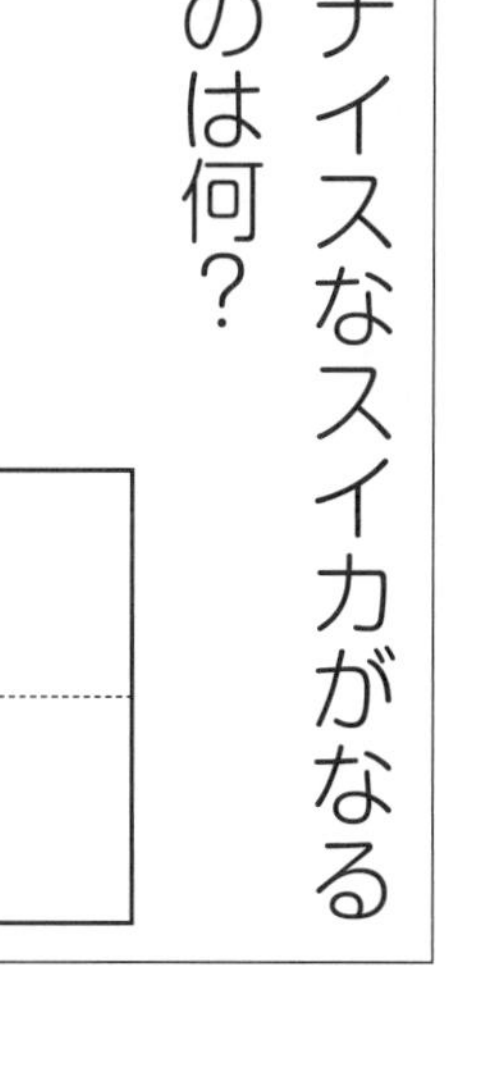

④ 新しい車は新型（しんがた）。古い車は何ガタ？

⑤ 一本の輪になったヒモで遊ぶトリは何？

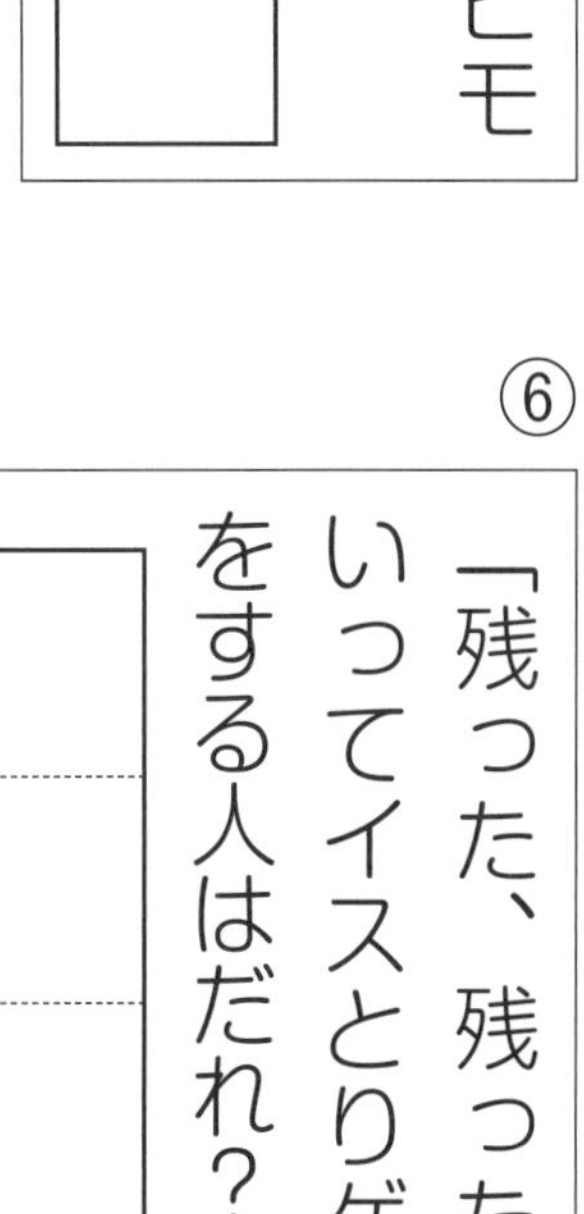

⑥ 「残った、残った」といってイスとりゲームをする人はだれ？

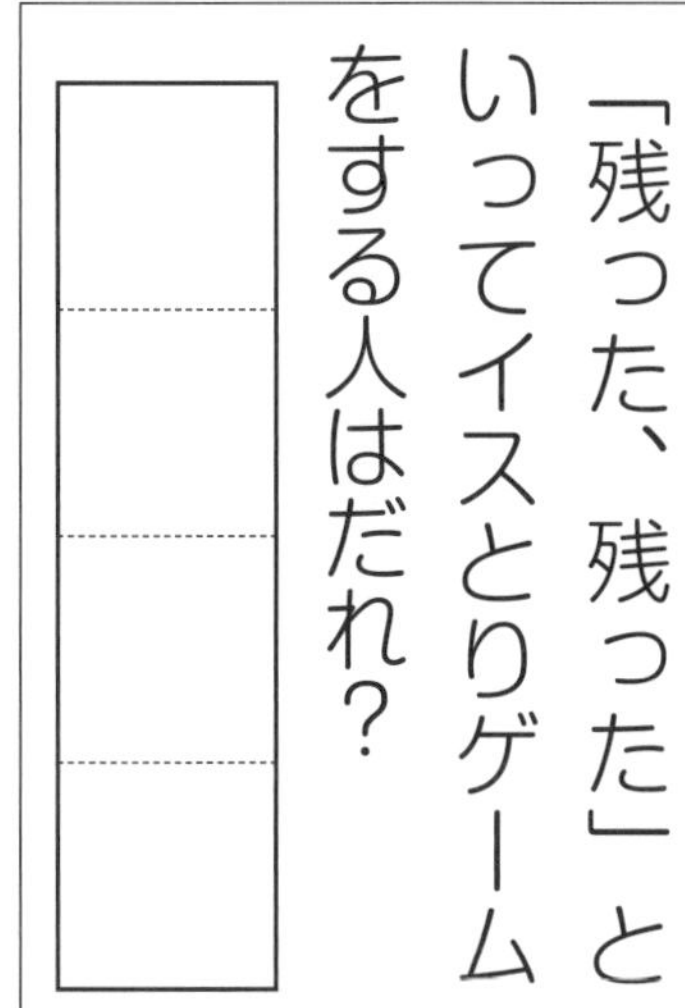

⑦ イスはイスでも、ホーホケキョと鳴くのは何イス？

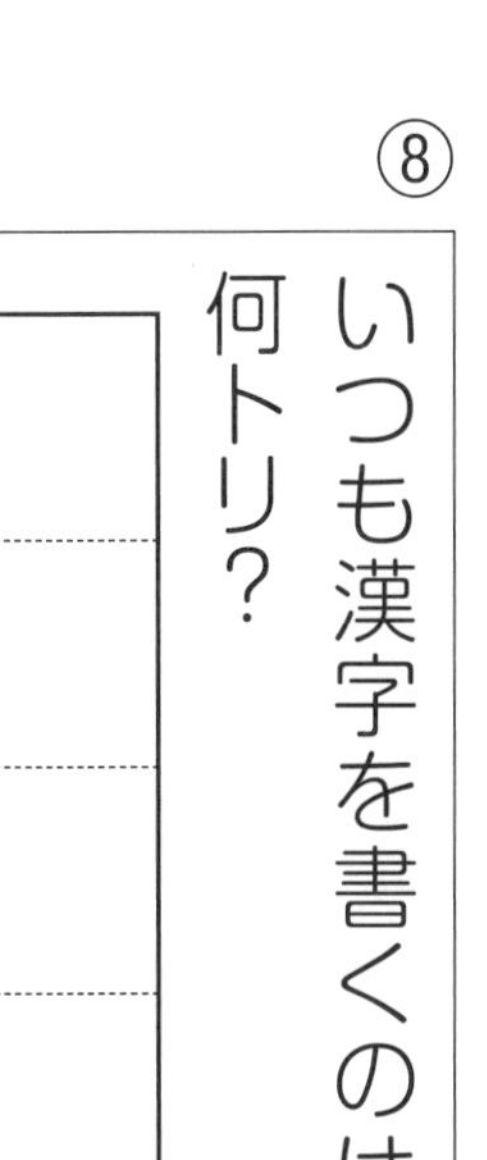

⑧ いつも漢字を書くのは何トリ？

⑨ まみむねものかんばんは何屋さん？

屋

⑩ 玉子焼きを焼くのはフライパン。空を飛び回るのは何パン？

ヒント

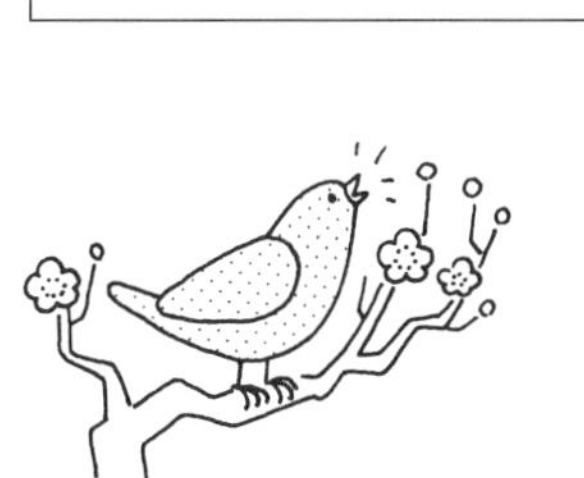

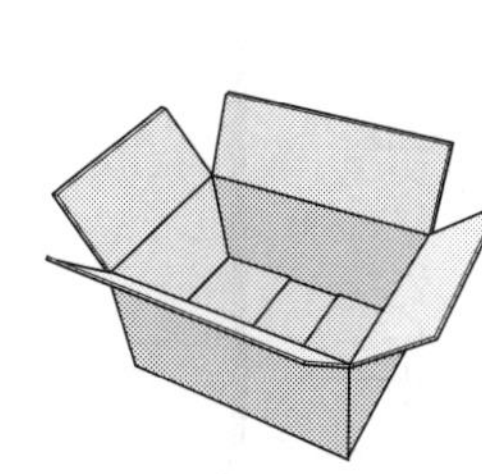

なぞなぞ・なぞかけ ②

名前　　　　　　　　　月　　日

なぞかけとは、なぞを問いかけ、その言葉をあてたり、上手(じょうず)ないい回しを考える遊びのことです。

1　次のなぞかけの［　］にあてはまる言葉を［　］から選んで書きましょう。

①　節分の豆まきとかけて［　　　］と説きます。
その心は、（福・服）はウチといいます。

②　海面とかけて［　　　］と説きます。
その心は、（波・並(なみ)）があります。

③　ゆうれいとかけてうらの食堂(しょくどう)と説きます。
その心は、［　　　］といいます。

④　冬とかけておやじギャグと説きます。
その心は、どちらも［　　　］です。

牛どん
うらめしや
洋服屋
寒い

2　次のなぞかけの［　］にあてはまる言葉を［　］から選んで書きましょう。

①　トランプとかけてＪＲと説きます。
その心は、［　　　］が必要です。

②　国語のテストとかけて［　　　］と説きます。
その心は、ナンゴク（南国・難語句(なんごく)）です。

③　手品とかけて［　　　］と説きます。
その心は、タネがあります。

④　野球とかけて電気自動車と説きます。
その心は、［　　　］が必要です。

バッテリー
ダイヤ
ハワイ
スイカ

なぞなぞ・なぞかけ ③

名前　　　　　　　　月　　日

✿ 次のなぞかけの（　　）にあてはまる言葉を絵から考えましょう。

① 織田信長(おだのぶなが)とかけて
（　　　　　　　）と説きます。
その心は、家来にサルがいます。

② ももたろうとかけて
新聞記者と説きます。
その心は、（　　　　　　　）が
大切です。

③ 入学試験とかけて
（　　　　　　　）と説きます。
その心は、ファンがいっぱいです。

④ 迷子(まいご)とかけて
（　　　　　　　）と説きます。
その心は、どちらも呼(よ)び出しをします。

⑤ 宅急便(たっきゅうびん)とかけて
陸上競技(きょうぎ)と説きます。
その心は、（　　　　　　　）
がいります。

⑥ AKB48とかけて
ありと説きます。
その心は、長い（　　　　　　　）
ができます。

ちょっかいを出す

「ちょっかい」を出す動物がいた。それは、ネコだった。ちょっと手、指で引っかくのだ。それが余計(よけい)な口出し、手出しをするという意味になった。

迷路遊び ①

名前

月　日

あとの5つの分かれ道の問題に正しく答えて、ゴールに向かいましょう。

① お金を表すのはどちら。

② もものことです。

③ 朝・午前のことです。

④ もめごと、問題。

⑤ ゆったり、くつろぐ。

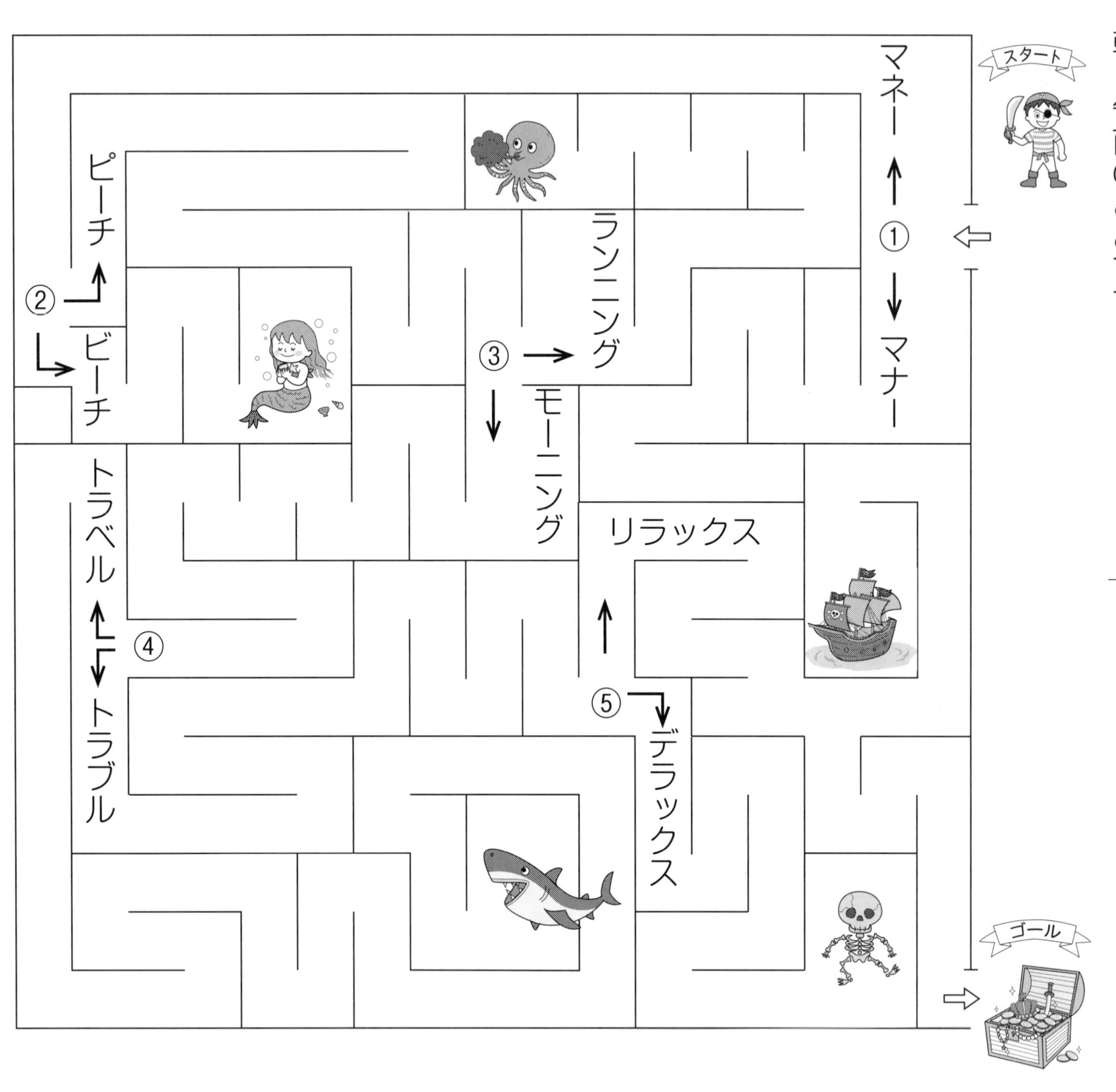

ごまかす

人をだます言葉。昔「ごまどうらん」というおかしがあった。このおかしは焼いてふくらませて作ってあり、中身がない。このおかしから「ごまかし」「ごまかす」が生まれたという。

迷路遊び ②

名前

月　日

あとの5つの分かれ道の問題に正しく答えて、ゴールに向かいましょう。

① 陸地に上がることです。

② 火薬を使って、光の色や形を楽しむもの。

③ くるくる回ること。

④ 声楽は、その反対である。

⑤ 集まって相談すること。

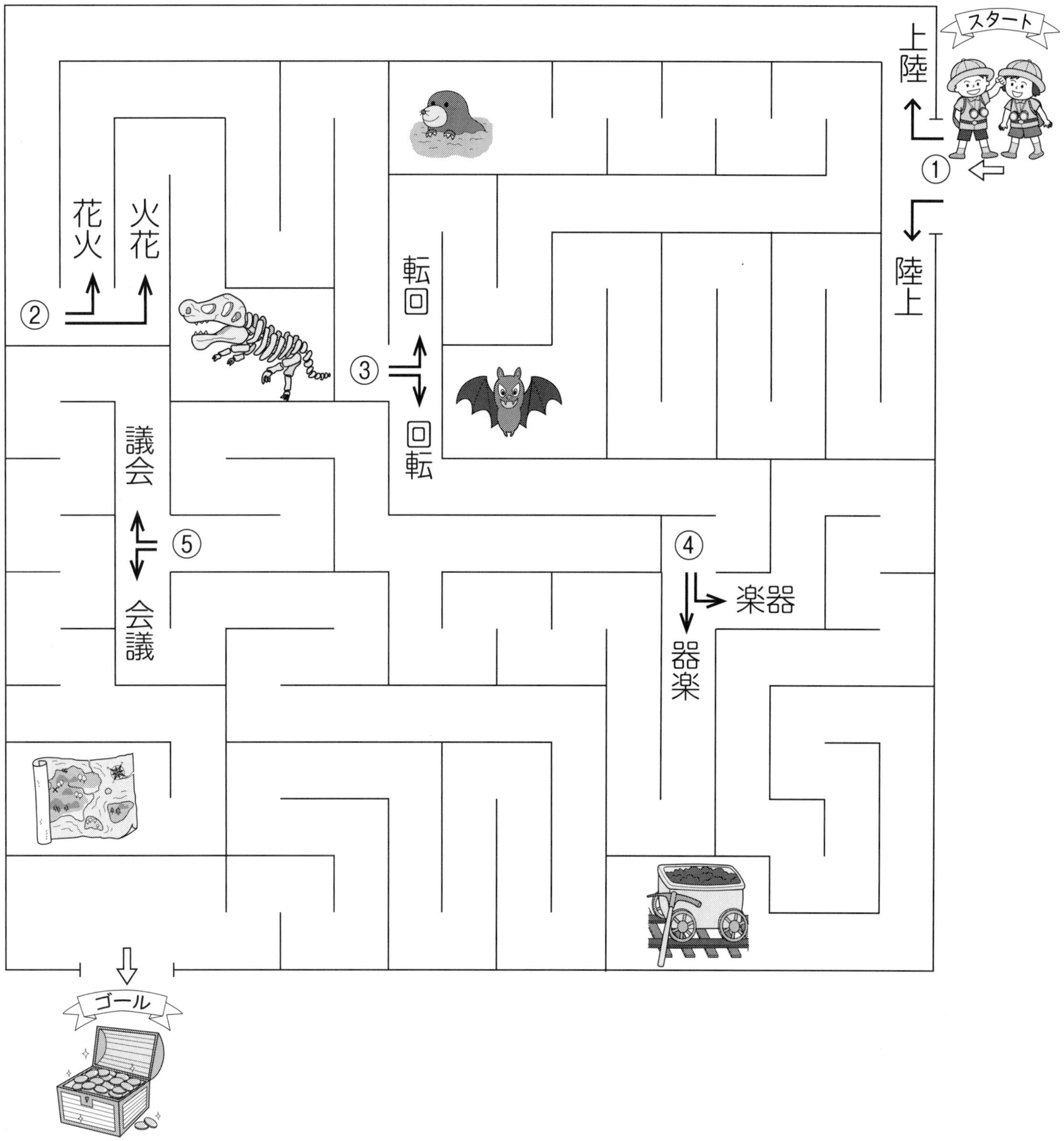

スタート

① 上陸 / 陸上

② 花火 / 火花

③ 転回 / 回転

④ 楽器 / 器楽

⑤ 議会 / 会議

ゴール

おもちゃ

子どもが遊ぶ道具を指す。これは元もと「持ち遊び」という言葉だった。手に持って遊ぶことから、「持ち遊び」となり、やがて「もちゃそび」にていねい語「お」がくっついて「おもちゃ」となったようだ。

迷路遊び ③

月　日

名前

❀ あとの6つの分かれ道の問題に正しく答えて、ゴールに向かいましょう。

① 意気地がない。

② 気絶(きぜつ)する。

③ 注意して行動する。

④ 不ゆ快(かい)に思う。

⑤ 思いなやむ。

⑥ 他のことに気をとられる。

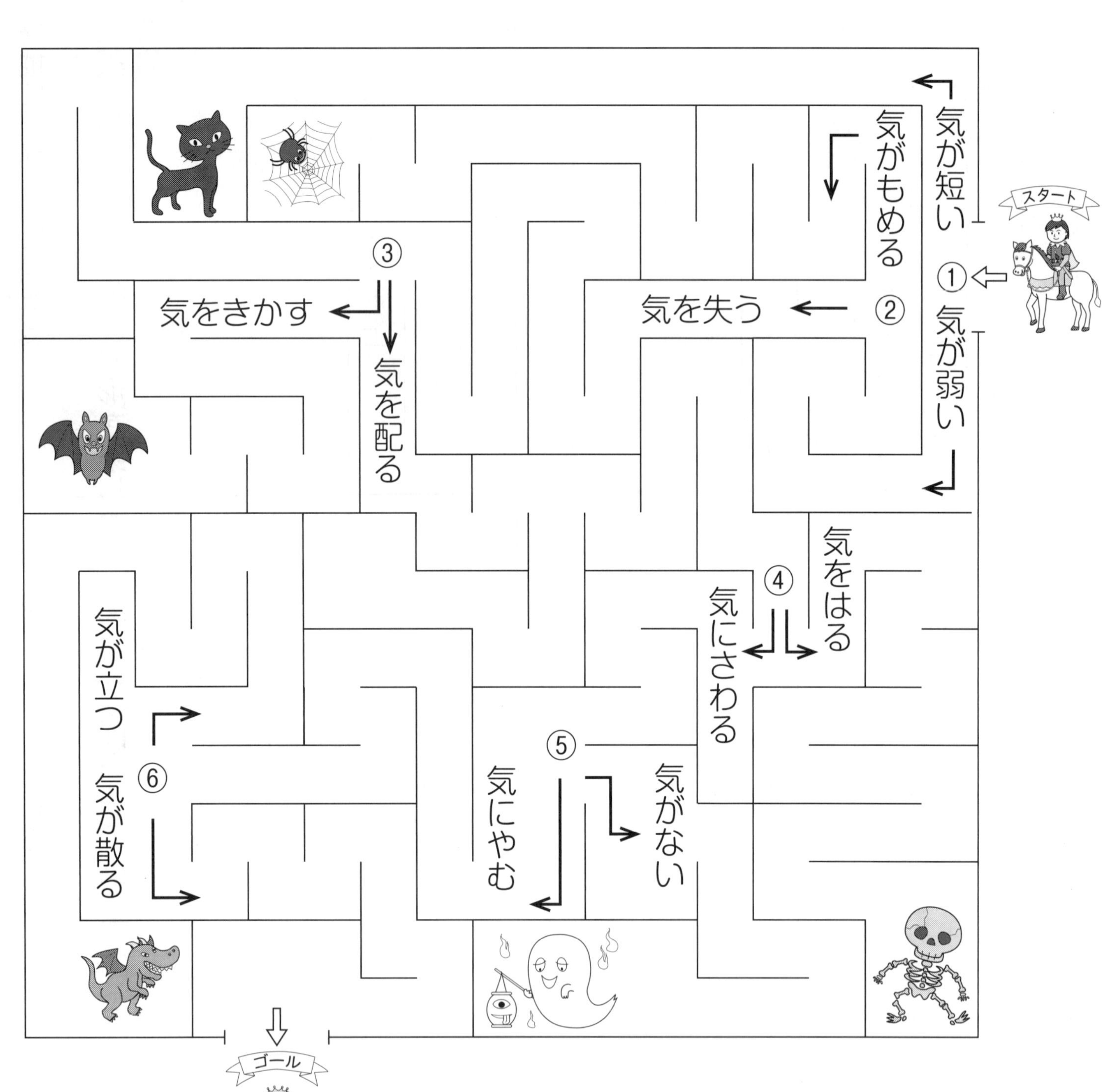

サボる

元はフランス語の「サボタージュ」だった。働く人が賃金(ちんぎん)が少ないので、わざと休んだり、仕事をおくらせたりしてうったえた。ここから、仕事をわざと休むことを「サボる」というようになった。

迷路遊び ④

名前

月　日

✿ あとの6つの分かれ道の問題に正しく答えて、ゴールに向かいましょう。

① 平素・いつも。

② 五・六才の子ども。幼い子。満一才～小学校に就学するまでの子。

③ 十八才。

④ 立派だと思う。

⑤ 南極・北極の地。

⑥ 問題に対する答え。

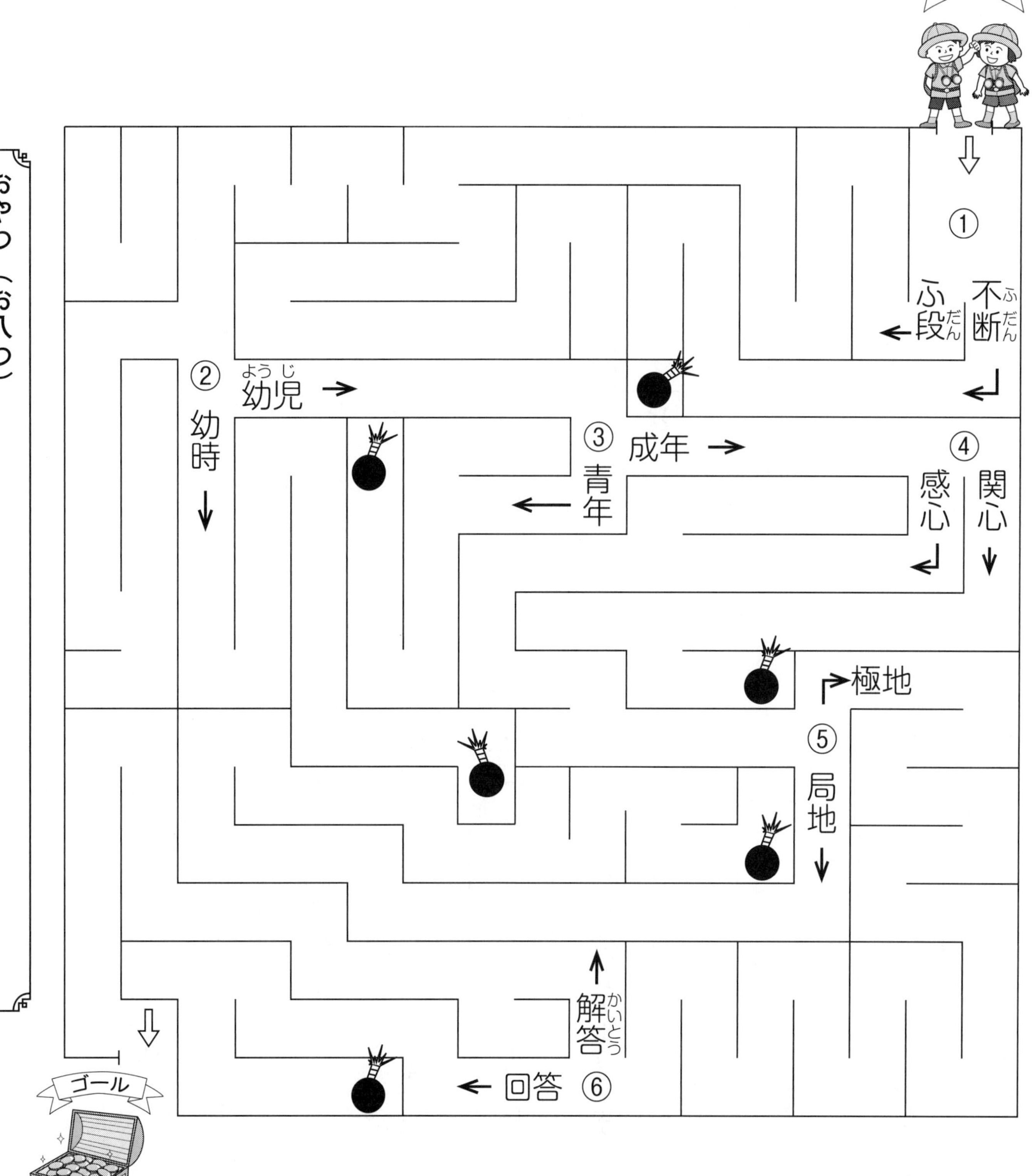

おやつ（お八つ）

江戸時代の「八つ時」とは午後三時だった。この時代は朝夕の二食だったので、八つ時に軽い物を食べていた。これを「お八つ」と呼んだ。それが近代になるにつれて、おかしなどに食べ物が変わってきている。今では、食事時間以外に食べる軽い食べ物を「お八つ」という。

わらべ歌

名前

月　日

1 次の数え歌の□に、□の言葉を一つ選び、書きましょう。

一つ　ひごいが　はねて　とぶ
二つ　ふく風　木の葉　とぶ
三つ　見事に　（①）　とぶ
四つ　夜道に　（②）　とぶ
五つ　いなほに　（③）　とぶ
六つ　麦打ち(むぎうち)　ほこり　とぶ
七つ　波間(なみま)に　（④）　とぶ
八つ　山おく　うさぎ　とぶ
九つ　子どもは　（⑤）　をとぶ
十(とお)で　とんぼが　空をとぶ

イナゴ	ほたる	なわ	千鳥	カエル

2 次の数え歌の□に、□から地名を選び、書きましょう。

一番はじめは　一の宮
二は　（①）　東照宮(とうしょうぐう)
三は　桜の吉野山(よしのやま)
四は　（②）　の善光寺(ぜんこうじ)
五は　（③）　の大社(おおやしろ)
六つは　村々のちん守さま
七つは　（④）　の大仏(だいぶつ)さん
八つは　（⑤）　の法隆寺(ほうりゅうじ)
九つ　（⑥）　の弘法(こうぼう)さん
十で　（⑦）　日本橋

高野(こうや)	東京	信濃(しなの)	出雲(いずも)
大和(やまと)	奈良(なら)	日光	

あやしい回文

名前

月　日

回文（かいぶん）とは、上から読んでも、下から読んでも同音になる文（言葉）です。

✿ □にひらかなをあてはめて、上下から読んで同じ文になるようにしましょう。

① □んぶ□し

② □るくと□る□

③ 竹やぶ□□□

④ 中崎屋（なかざきや）の□□□□□

⑤ 関係ない□□□

⑥ 私（わたし）、負け□□□□

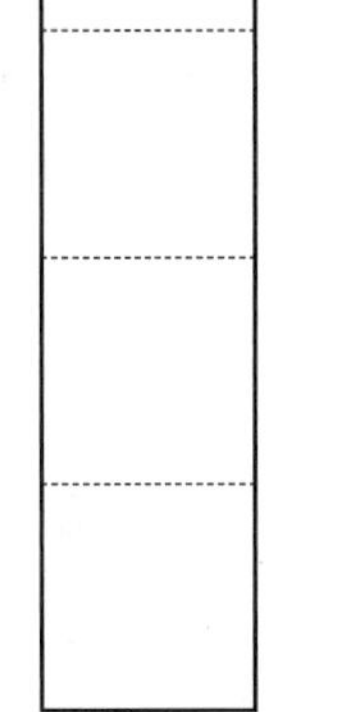

⑦ 泣くなこねこよ、□□□□□□

⑧ ダンスが□□□

さようなら
別れるときのあいさつ。これは、「左様ならば（それならば）また後ほどに」といって別れていたのが、「さようなら」と短くなった。

慣用句 ①

名前

月　日

「口が重い」「手がでない」などのように、二つ以上の言葉が合わさって、特別な意味を表す言葉を**慣用句**といいます。

✿ 次の慣用句を読んで、あてはまる絵の記号を□に書きましょう。

① 開いた口がふさがらない　□

② あげ足をとる　□

③ あごで使う　□

④ 頭をかかえる　□

⑤ うでが鳴る　□

⑥ 鼻であしらう　□

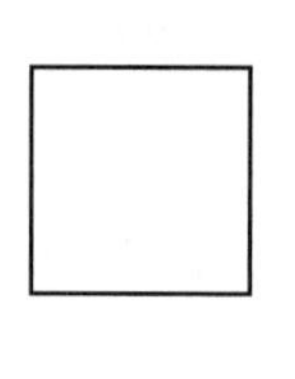

ⓐ えらそうな態度で、人に仕事をさせる。

ⓘ 自分のうで前を見せたくてたまらないようす。

ⓤ 問題が解決できずに困ってしまうようす。

ⓔ 人の話の細かいまちがいなどを取り上げて、困らせることをいう。

ⓞ 相手を軽く見て、いいかげんにあつかう。

ⓚ あまりに意外なので、あきれかえるようす。

コウモリ

夕暮れどき、鳥のようにつばさで飛び、虫をたくさん食べてくれるコウモリ。昔の人は、川を守ると考え、「川守り」「コウモリ」と呼んだ。

慣用句 ②

名前　　　　　　　月　　日

1 次の①～⑥は、体の部分を使った慣用句(かんようく)です。□に合う言葉を絵から選んで書きましょう。

① □が棒(ぼう)になるまで、歩き回った。

② あまりにも高価(こうか)で、□が出ない。

③ 年末は、□が回るほどいそがしかった。

④ 百点とって□が高い。

⑤ □がかたい人は、信用される。

⑥ 兄は、何にでも□をつっこみたがる。

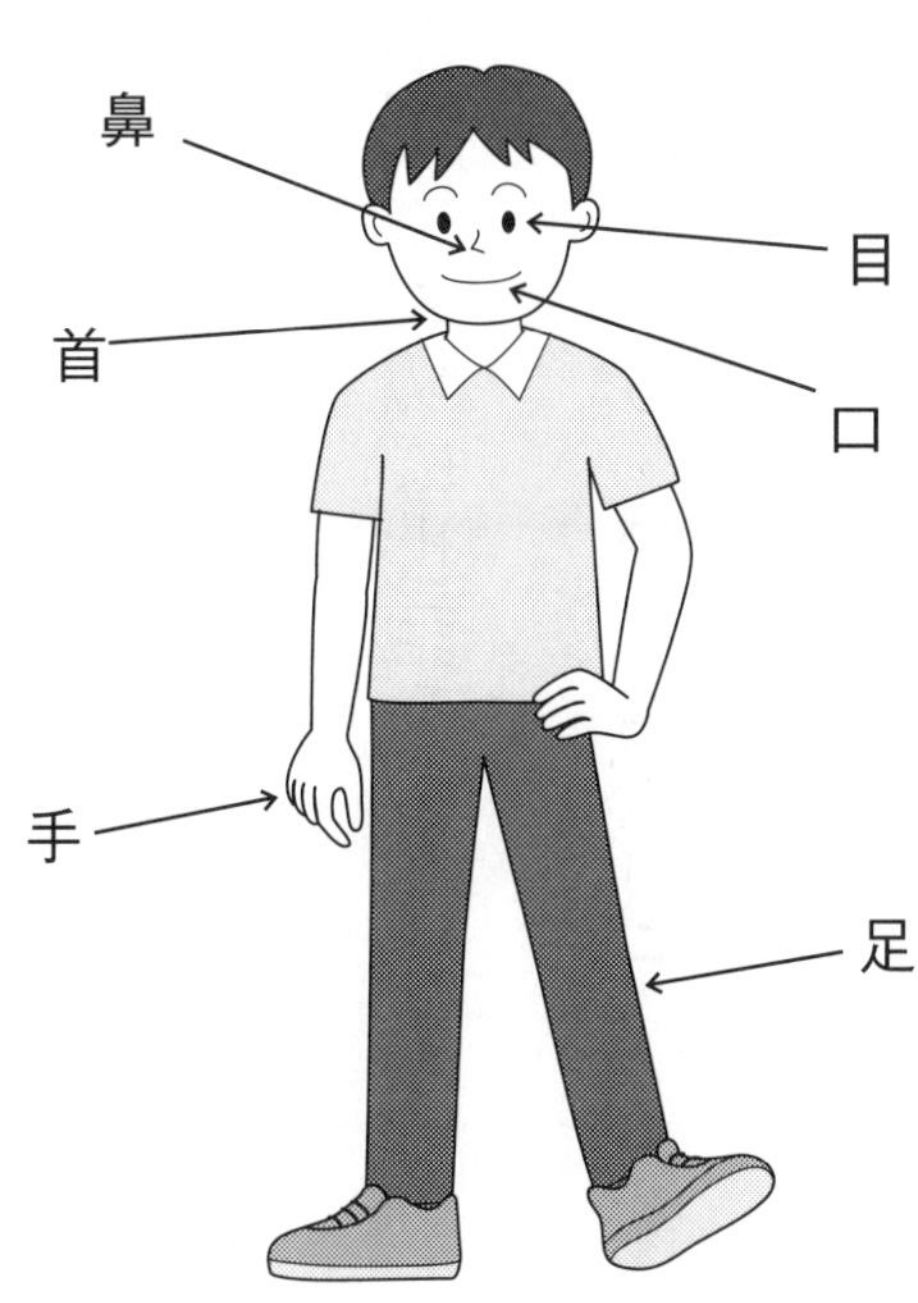

2 次の慣用句は、動植物を使っています。□に合う言葉を、絵をヒントにして書きましょう。

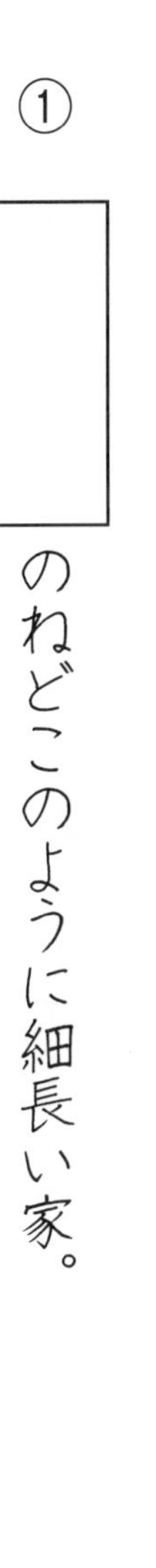

① □のねどこのように細長い家。

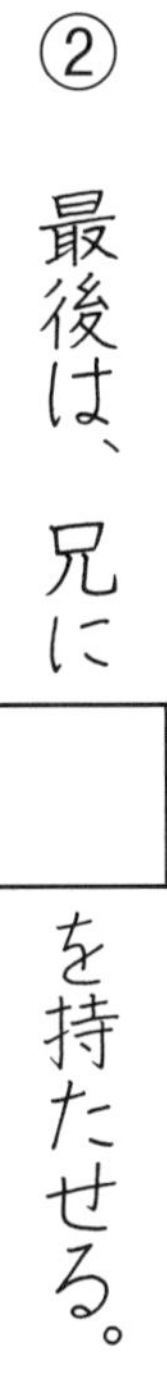

② 最後は、兄に□を持たせる。

③ まるで□につままれたような気分だ。

④ □の額(ひたい)ほどの庭でも、楽しめる。

⑤ 犯人(はんにん)はもう、ふくろの□だ。

⑥ あの人は、□をわったような性格(せいかく)だ。

慣用句 ③

名前

月　日

1 次の絵に合う慣用句を、□から選んで（　）に記号を書きましょう。

①

（　　）

②

（　　）

③（　　）

④（　　）

⑤（　　）

⑥

（　　）

㋐ すずしい顔
㋑ 足がすくむ
㋒ 耳をすます
㋓ 口がすべる
㋔ 息を殺す
㋕ 目をぬすむ

2 次の慣用句に合う意味を――で結びましょう。

① 骨が折れる　・　　・㋐ 苦労する。
② 白羽の矢が立つ　・　　・㋑ 自分の手で、大切に世話をして育てる。
③ 手塩にかける　・　　・㋒ 多くの人たちから、特に選ばれる。

3 次の□に合う言葉を、□から選んで書きましょう。

① あの人とは何をしても□が合う。

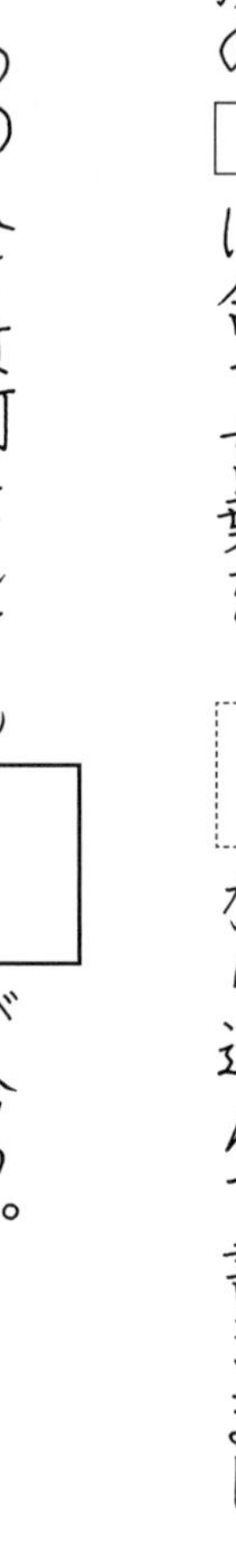

② 少しうまくいっただけで□に乗ってはいけない。

③ 今までの練習が□を結んだ。

図　馬　実

慣用句④

名前　　　月　　日

次の慣用句の意味を下から選び、□に記号を書きましょう。

① 頭が下がる
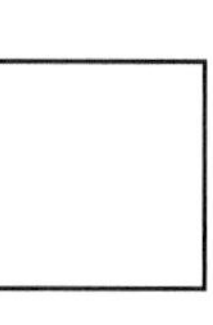
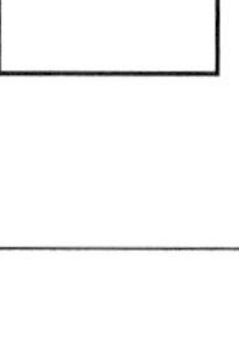

② 目を配る
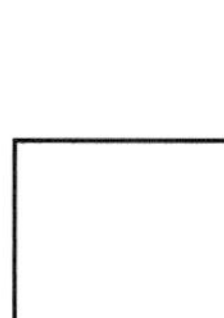
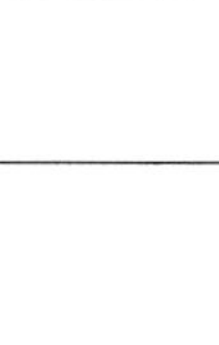

③ あごを出す
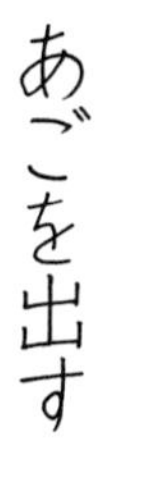

④ 足が地につかない

⑤ 口が軽い

⑥ まゆをひそめる

ア

喜びやきん張のしすぎで、気持ちがうわずってしまう。

イ
気をつけて、あちこちをよく見る。

ウ

考えが浅く、いってはならないことまでいってしまう。

エ

つかれ切ってやめたくなる。

オ

いやな気持ちや心配な気持ちで、まゆのあたりにしわを寄せる。

カ

人の行いをとても立派だと感心する。

おなら
平安時代の女性は「へ」のことを上品に「今鳴らしましたね」といっていた。そのうち「鳴らす」の「なら」をとって、ていねい語の「お」をつけたのが「おなら」だった。

ことわざ ①

名前　　月　日

❀ ことわざは、その意味を書いているだけでなく、教訓やいましめなどをふくめている言葉です。□に言葉を、（　）に記号を書きましょう。

① □かくして　しりかくさず　（　　）

② 一□二鳥　（　　）

③ □にかいたもち　（　　）

④ □□でたいをつる　（　　）

⑤ えんの下の□□ち　（　　）

⑥ □□に金棒（かなぼう）　（　　）

㋐

形があるだけで、何の役にも立たないもの。

㋑

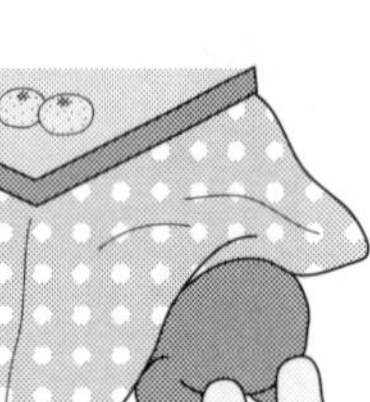

すべてをかくしたつもりでも、他人に見られている間のぬけたこと。

㋒

人に見えないところで、しっかり力を出して働いている人のこと。

㋓

少しあたえることで、たくさんのお返しを受けること。

㋔

強いものが、さらに強くなること。

㋕

一回の行いで多くの得（とく）をすること。

まつげ・まぶた
むかしは「目」のことを「ま」といっていた。それで「目の毛」「目のふた」という言葉になった。

ことわざ ②

名前

月　日

1 次の□に漢数字を入れ、ことわざを作りましょう。

① 一石□鳥

② □聞は一見にしかず

③ 一聞いて□を知る

④ □人寄れば文じゅの知え

⑤ 一寸の虫にも□分のたましい

一回の行いで多くの得をすること。

人の話を百回聞くより、一度でも自分の目で見た方が確かだということ。

物事を少し聞いただけで、全体のことがわかるかしこい人のこと。

平ぼんな人でも三人寄って相談すればよい知えがうかぶ。

小さい虫（弱いもの）にも、意地や根じょうがあること。

二　三　五　十　百

2 次の□に入る生き物を書きましょう。

① □に小判

② □も木から落ちる

③ □も歩けば棒に当たる

④ □に真じゅ

⑤ □の耳に念仏

故事成語 ①

名前

月　日

故事（こじ）とは、元は中国に昔から伝わる、いわれのあることがらのことで、古い書物に書かれているものが多いです。（ことわざと区別できないものも多い）

1 次の故事成語の意味を㋐〜㋓から選んで、（　）に記号を書きましょう。

① 五十歩百歩　（　　）

② 矛盾（むじゅん）　（　　）

③ とらの威（い）※を借るきつね　（　　）

④ 蛇足（だそく）　（　　）

㋐ よけいなものをつけ加えることで、全体をだめにすること。

㋑ 自分には少しも力がないのに、強い者の力を借りていばる者のこと。

㋒ 大きなちがいがあるようでも、実はあまりちがわないこと。

㋓ ものごとのつじつまが合わないこと。

※威…人をおそれさせること。

2 次の故事成語の意味を、絵を見て考えましょう。□に記号を書きましょう。

① 雨だれ石をうがつ　□

② 井の中の蛙（かわず）※大海を知らず　□

※カエルのこと

③ ちりも積もれば山となる　□

㋐ 自分の知識（ちしき）や考えが一番だと思いこみ、他に深い考えや知えがあることを知らないこと。

㋑ どんな小さな力でも根気よく続ければ、やがてことがなる。

㋒ ほんのわずかなものでも、積もり積もれば大きなものになること。

故事成語 ②

名前　　　　月　　日

1 次の故事成語の意味を、絵を見て考えましょう。□に記号を書きましょう。

① 烏合の衆※　□
※カラスのこと

② 竹馬の友　□

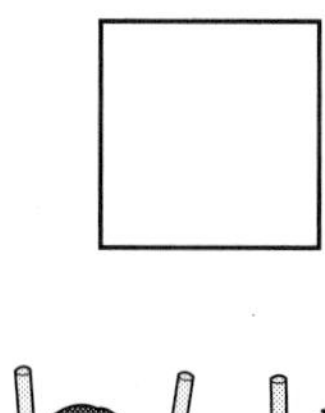

③ 漁夫の利　□

㋐ 二人が争っている間に、第三者が利益を横取りすること。

㋑ 大勢集まってもがやがやさわぐだけで、力や知えを出せない集団のこと。

㋒ 子どものころからの友だち。

2 次の（　）に合う故事成語を、□から選んで書きましょう。

① 君の話は（　　　　）だらけだ。

② きもだめしでぼくは、「君はすぐ引き返した」と、弟をからかっていたが、「お兄ちゃんだってとちゅうで引き返したじゃないか」といわれ、（　　　　）だ。

③ 最後の一行は（　　　　）だ。

④ 君は、いつも力の強い者にくっついていて、まるで（　　　　）だ。

とらの威を借るきつね　矛盾　蛇足　五十歩百歩

クロスワード6×6マス ①

名前　　　　　　月　　日

タテのかぎ

① 京の都、三条大橋でべんけいをやっつけた人。源 義経のこと。

② 川のてい防。

③ 相手の人をにくいと思う気持ち。

④ 病気の人が、みてもらいに行くところ。

⑦ 東の反対の方角。

⑨ 上品で礼ぎ正しい男性。英国〇〇〇。

⑪ 若い葉。

⑬ 学校の出入り口。

⑭ 竹や針金で編んだ入れ物。

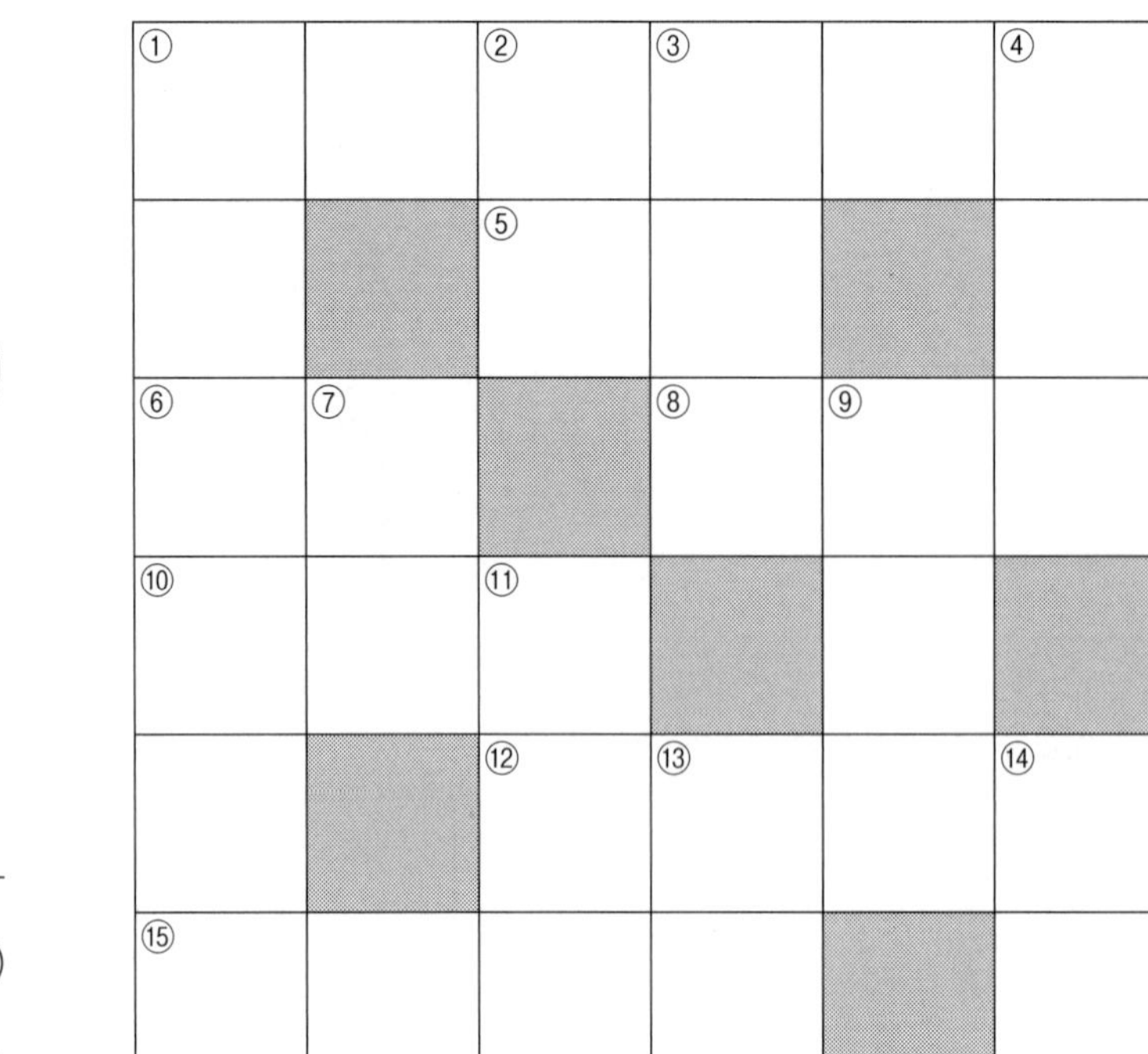

ヨコのかぎ

① かけっこ、玉入れ、つなひきなどをします。

⑤ おぼうさんが住んでいます。

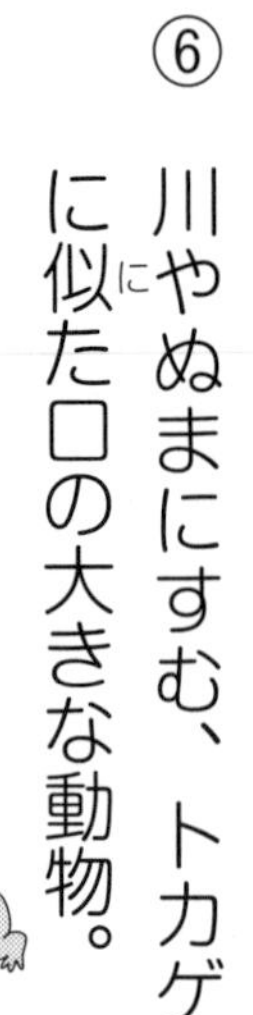

⑥ 川やぬまにすむ、トカゲに似た口の大きな動物。

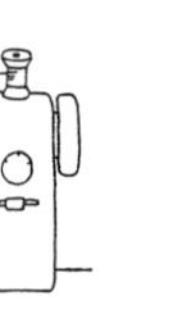

⑧ 布をぬう機械。

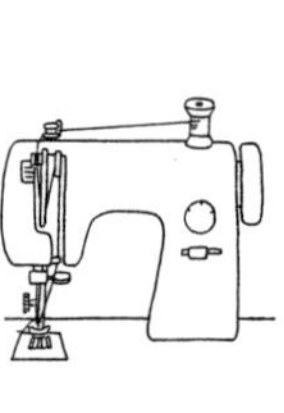

⑩ とり肉のこと。〇〇〇もちというのもあります。

⑫ 高い山にすむ、やぎに似た動物。

⑮ 家の人がいないとき、家の番をすること。

クロスワード6×6マス ②

名前

月　日

タテのかぎ

① 夏のくだもの。メロンなど、うりの仲間。

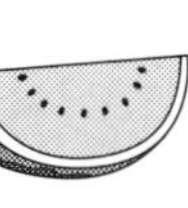

② にんじん、白菜、ピーマンなど料理の材料。

③ 秋にさく花の名。展覧会（てんらんかい）などもあります。

④ 泣いている赤ちゃんなどのきげんをとります。

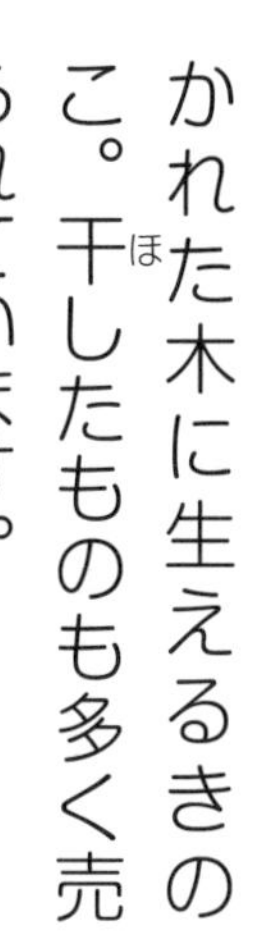

⑥ かれた木に生えるきのこ。干（ほ）したものも多く売られています。

⑧ ハスという植物の根を食べます。

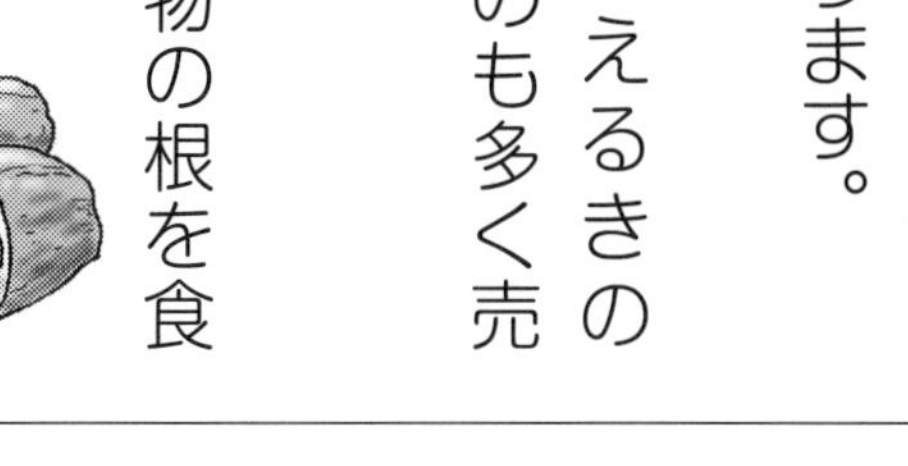

⑪ 奈良公園にたくさんいます。角切りをします。

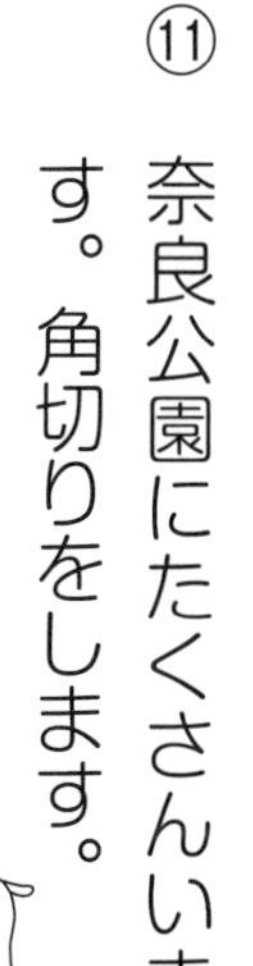

⑫ かみの毛をこれでときます。

⑭ じんべえ〇゛〇のような大きいものもいます。こわいのは人くい〇゛〇です。

①		②	③	■	④
	■	⑤		⑥	
⑦	⑧		■	⑨	
■		■	⑩		■
⑪		⑫	■	⑬	⑭
⑮				■	

ヨコのかぎ

① 肉、豆ふ、野菜など、好きな物をなべに入れて、にながら食べる料理。

⑤ 本を書いた人。

⑦ からだが平たく、海の底にすむ魚。よく似（に）たものにひらめがいる。

⑨ こしかけるもの。

⑩ 〇〇がこる、とか、〇〇を持つなどと使われる。

⑪ 高知県や徳島県がある地方。

⑬ 今日の朝のこと。

⑮ ありがたく思う気持ち。

クロスワード6×6マス ③

名前

月　日

タテのかぎ

① ○○○○○と大声で売りに来ます。冬の寒いときに人気があります。

② ねずみに似(に)ていて、長く太いしっぽがあります。木の実を食べます。

③ テストのことです。

④ キャベツやもやしなどをフライパンでいためた料理。

⑦ 昔は、ストーブやおふろに、これを使っていました。たきぎのことです。

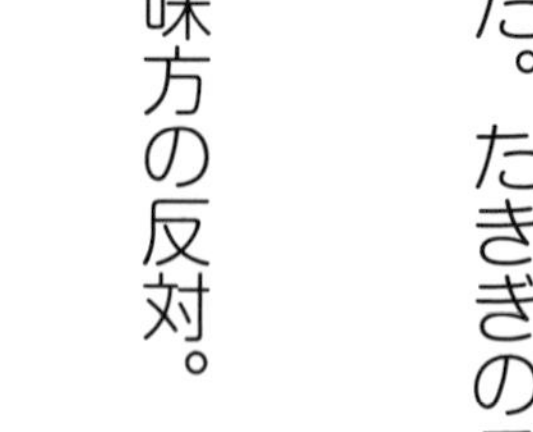

⑩ 味方の反対。

⑫ 竹の区切りのこと。

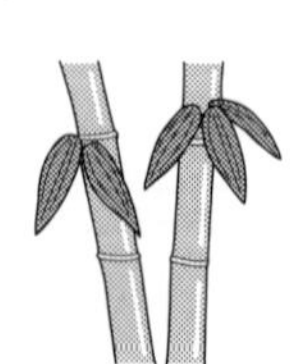

①		②		③	④
				⑤	
⑥	⑦		⑧		
⑨		⑩			
		⑪	⑫		
⑬			⑭		

ひらがなで書いてね。

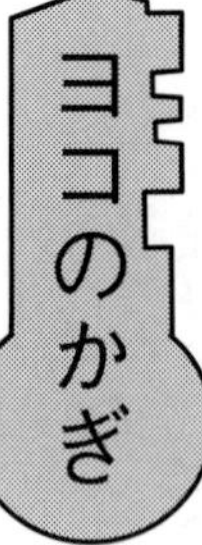

ヨコのかぎ

① 車輪が一つで、ハンドルがありません。

⑤ おぼうさんが着物の上にかたからかけているものです。

⑥ ○○の中で、日本一高いのは富士山(ふじさん)です。

⑧ メートルやグラムなど長さの○○○、重さの○○○があります。

⑨ 得意(とくい)な方の手。右ききが多い。

⑪ 学校の図書館に本を○○するといいます。

⑬ お正月前によく○○つきをします。

⑭ 春になると、木ぎの○○○が出ます。

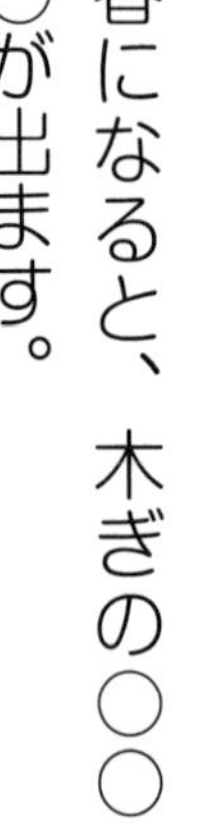

クロスワード6×6マス ④

名前

月　日

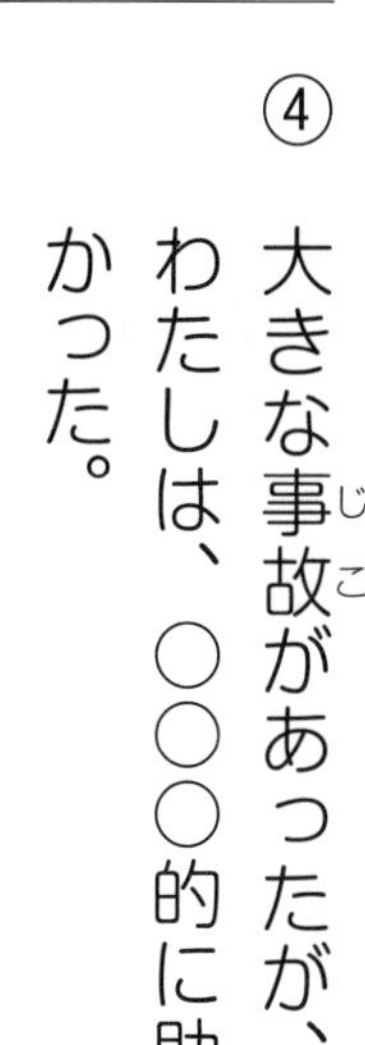

タテのかぎ

① かさをもっていないので○○○○をしました。

② インド○○やアフリカ○○がいます。

③ おなかの上に貝などをのせて、泳ぎながら石などを使いじょうずにわって食べます。

④ 大きな事故があったが、わたしは、○○○的に助かった。

⑥ $\frac{1}{2}$、$\frac{1}{3}$など算数で勉強します。

⑧ ○○○○なホームラン。とても力強いようすです。

⑫ 小さい家、小さい建物。

⑬ かしこくなることを○○がつくといいます。

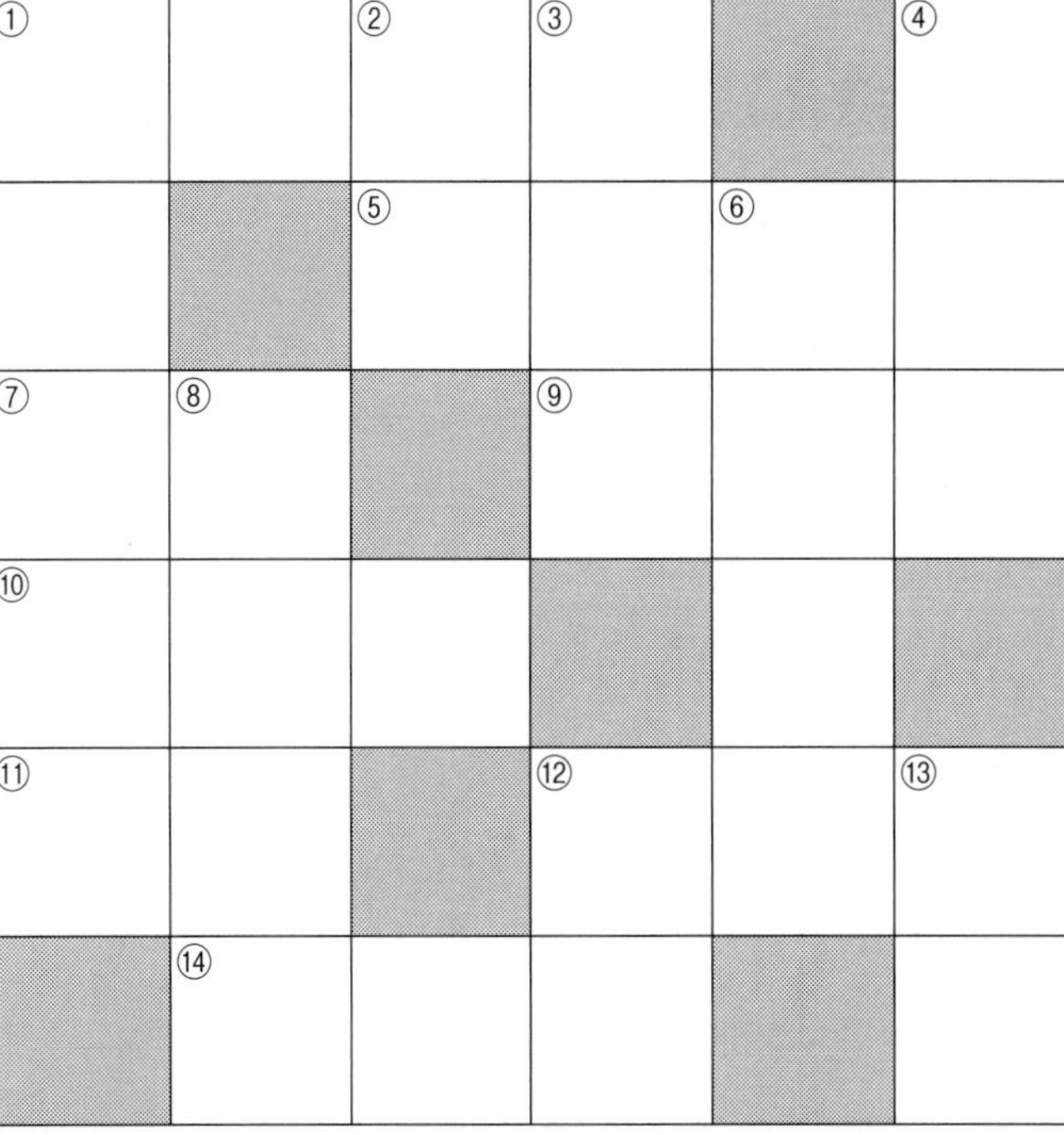

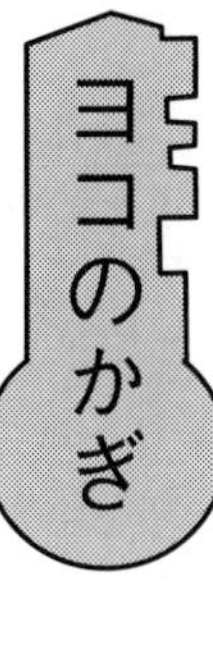

ヨコのかぎ

① よく晴れた○○○○に、飛行機が飛んでいます。

⑤ あおむけの反対は○○○○です。

⑦ トンボのよう虫です。

⑨ ねばり強くがんばる気持ち。

⑩ お金には、金貨や銀貨などがあります。十円玉は○○○です。

⑪ 学校には、○○室があり、そこで勉強や実験をします。

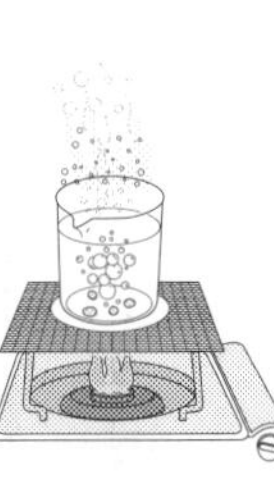

⑫ ○○○県は四国地方にあります。

⑭ 病気を治す仕事です。

クロスワード8×8マス ①

名前　　　月　　日

タテのかぎ

① 走ること。

② 雨水(あまみず)や下水(げすい)などが流れるみぞ。

③ オリンピックで、これを持って走る、○○○リレーが注目される。

④ 植物のこと。

⑤ 服などを洗(あら)う機械。

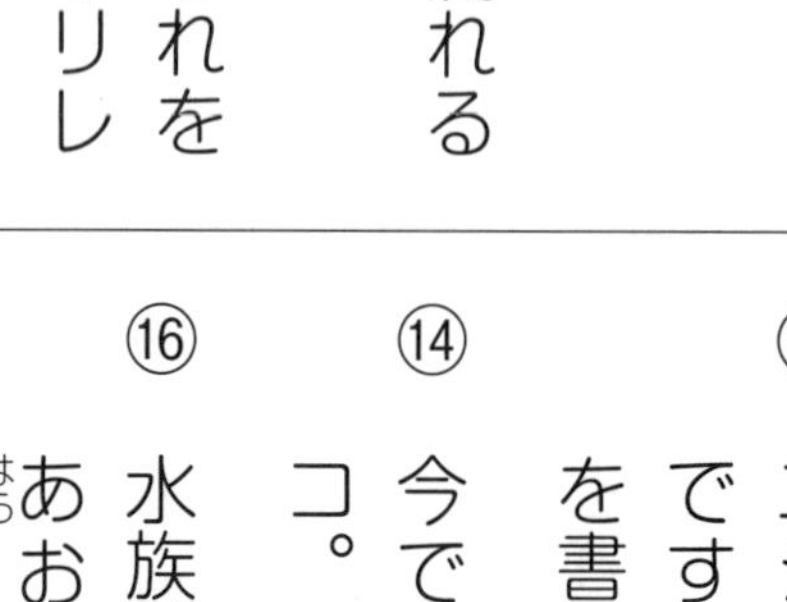

⑩ 方角の一つ。

⑫ エジソンの○○○は有名です。人の一生のようすを書いた本のこと。

⑭ 今では、値段(ねだん)の高いキノコ。

⑯ 水族館で人気がある。あお向けに泳ぎながら、腹(はら)の上で貝を割(わ)ったりする。

⑰ みんながいっせいにワァーとさわぐこと。

⑲ ヤジロベエはとても○○○○がよい。

㉒ めでたいときに、よく出る。

㉔ 呼(よ)び○○といって、これを鳴らして人を呼ぶ。

㉕ 古くなった新聞紙などを集める。○○回収(かいしゅう)。

①		②	③		■	④	⑤
	■	⑥		■	⑦		
⑧		■	⑨	⑩	■	⑪	
	■	⑫	■	⑬	⑭	■	
⑮	⑯		⑰	■	⑱	⑲	
■	⑳			■	㉑		■
㉒		■	㉓	㉔			㉕
	■	㉖			■	㉗	

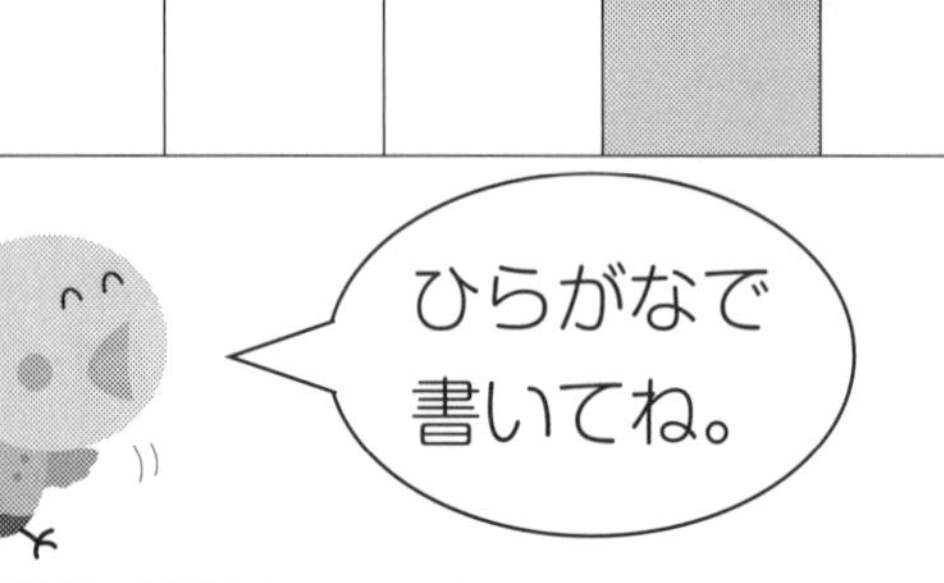

ヨコのかぎ

① 小学生のせおうカバン。

④ だれでも七つはあると言われる。無くて七○○。

⑥ 船が通る目印に海にうかべるもの。

⑦ 富士山(ふじさん)は世界○○○になっている。

⑧ レバ○○いために入れる野菜。

⑨ 足が十本あり、そのうちの二本は八サミ。○○歩きという。

⑪ 北極星の見える方角のこと。

⑬ 日本は○○国(ぐに)だ。

⑮ 野球をしたり、サッカーをしたりする広い場所。

⑱ 冬に赤や白の花をさかせ、その種から油もとれる。

⑳ 明るい夜のこと。

㉑ この魚の卵(たまご)で、からしめんたいこを作る。

㉒ お正月によくこれを飛ばして遊ぶ。

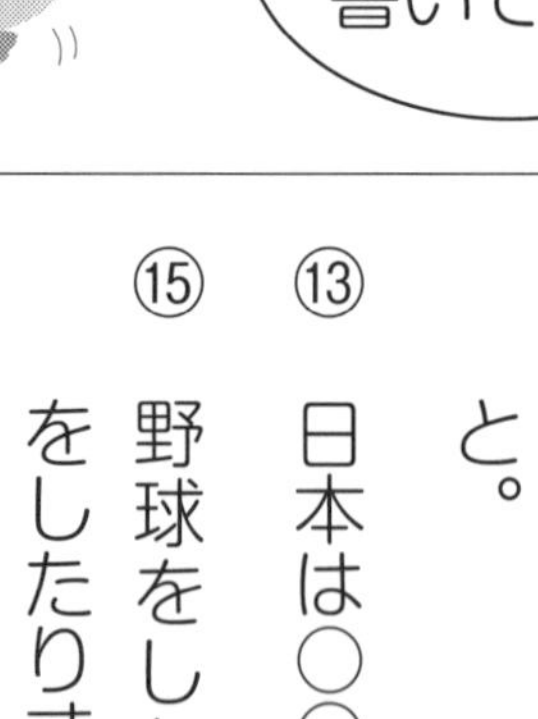

㉓ 小麦粉(こむぎこ)のこと。

㉖ 夜、働くこと。

㉗ 最近では、お皿に乗って回る。

クロスワード8×8マス ②

名前

月　日

タテのかぎ

① 水にといた小麦粉にタコなどを入れて球形に焼いたもの。大阪名物。

② 雪の上をすべらせる。

③ 泳げない人が使う。

④ ○○○の国のアリス。

⑤ ゴムや皮のものがある。英語ではボール。

⑦ 飛行機の発着するところ。

⑨ 道などがわからなくなった子ども。

⑪ たくさん積もるとスキーやスノーボードができる。

⑬ ロウをかためたもので、しんに火をともす。

⑮ 紅色・黄緑色のあまずっぱい果物。ふじ・つがるなどたくさんの種類がある。

⑰ ぶた肉を使ったものはトン○○。

⑱ 植えた木で作ったかき根。

⑳ 自転車・自動車の車輪にはめたゴムでできたもの。

㉓ 二本の棒をかついで、人や物を乗せて運ぶもの。おみ○○。

㉔ 魚のちがう読み方。

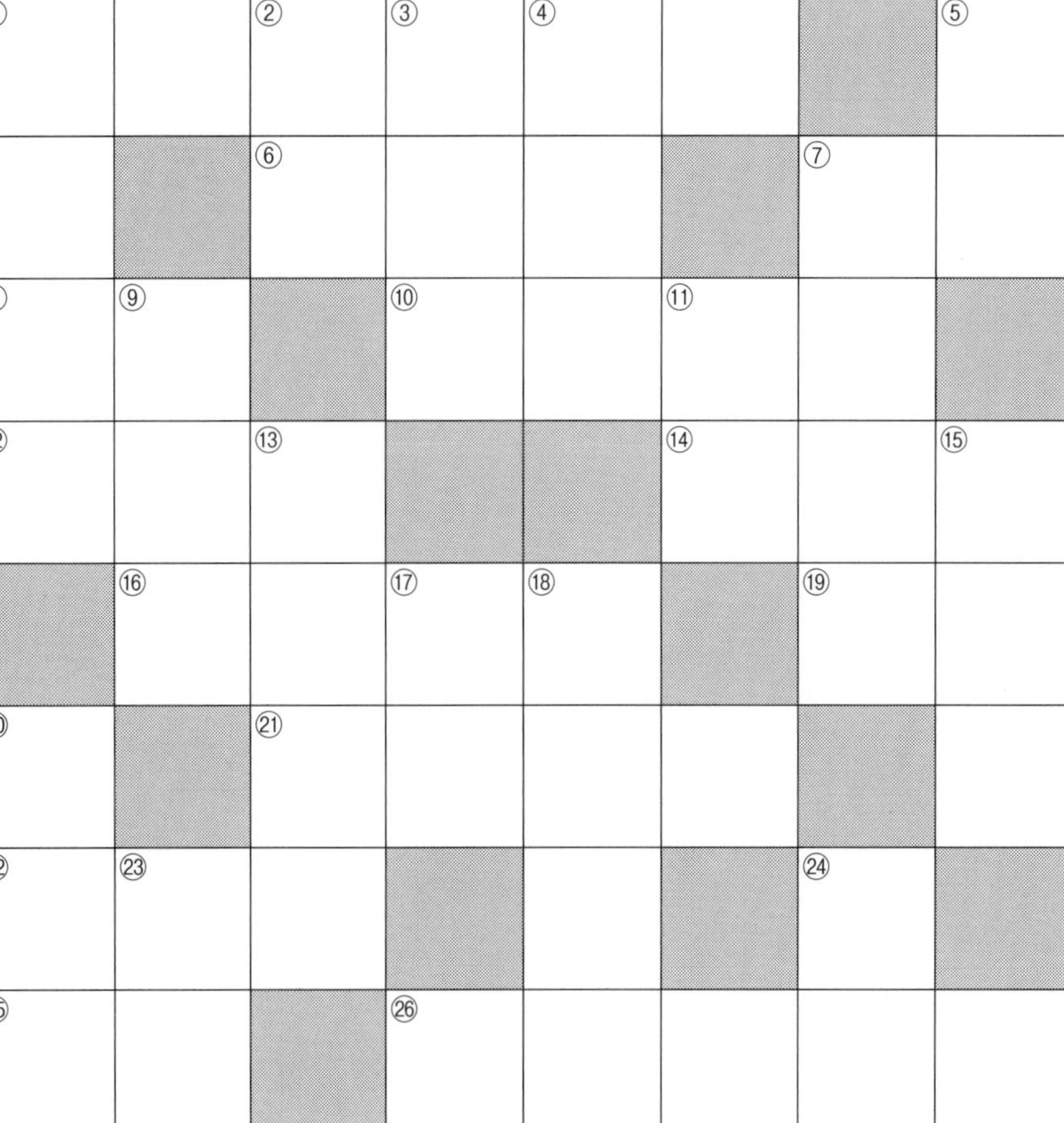

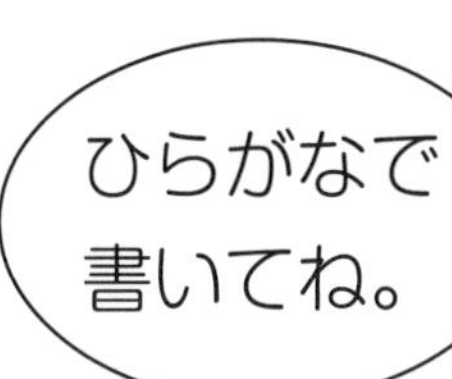

ヨコのかぎ

① 体育の時間に着る服。

⑥ すもうとり。

⑦ いがいがの中に入っている。

⑧ ○○の中では、富士山が有名です。

⑩ 輸入牛に対して国内産をこう呼ぶ。

⑫ 色の一つ。

⑭ 山で木を切る仕事。

⑯ ○○○○なホームラン。○○○○に笑う。

⑲ 「○○がいい、悪い」「○○を天に任せる」などという。

㉑ その場ですぐに決めること。

㉒ 外国のこと。

㉕ 南国の海から○○の実が流れ着く。

㉖ 氷をけずって、みつをかけて食べる。

クロスワード8×8マス ③

名前

月　日

タテのかぎ

① 雨降りの日に使う。

② スイカやメロンは、この仲間。

③ 土の中にうめる土を焼いて作った大きな管。

④ 銀行にお金を預けるとこれがつく。

⑥ トカゲに似ていますが、カエルのように水陸両用。

⑧ 東北地しんの○○○○は、今も多く残る。

⑩ 池やぬまに生える水草。葉は水面にういている。

⑫ 定規ともいう。

⑭ 春の初めに出る新芽を「○○のとう」といって食べる。

⑰ 紙○○○、人形○○○など、いろんなものがある。みんなの前で演じる。

⑲ 難しいの反対。

⑳ 家を囲んだもの。生けがきなど。

㉒ 「急がないと、学校に○○○するよ。」と起こされた。

㉔ いたずらっ子の中で、一番いばっている子ども。○○大将。

㉕ 金太郎がこれに乗っている。

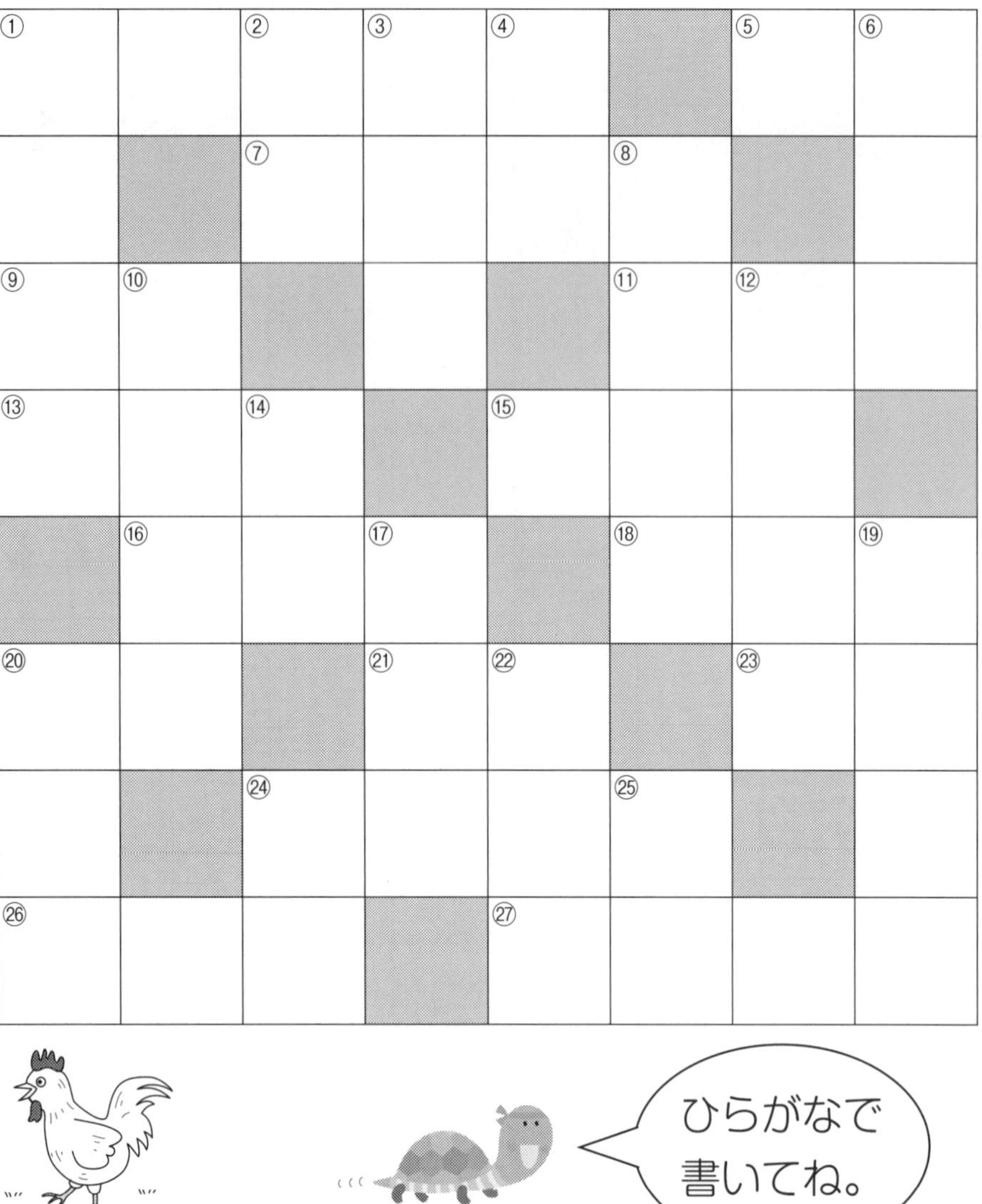

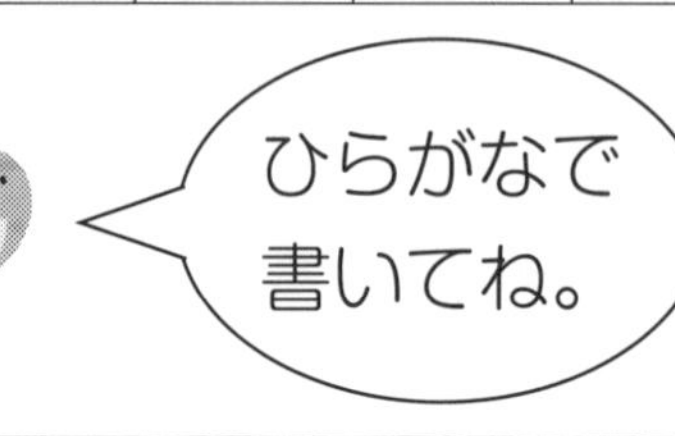

ヨコのかぎ

① 伊豆諸島の島じまにわずかにすむ大型の海鳥。

⑤ 角が一本のものと、二本のものがおり、体型はカバとも似ている。

⑦ 学校にある特別教室の一つで、実験をする。

⑨ 今のおふろはこれを使って湯をわかす。

⑪ はかり・ものさし・温度計・メーターなどに刻んである印。

⑬ お金を入れるもの。

⑮ オルガンのように白・黒のけんばんがある。

⑯ 社会の学習の一つで、昔のことを勉強する。

⑱ ニワトリの頭についているもの。

⑳ アルミやスチールのものがある。

㉑ いたずらをするとこれがあたるという。

㉓ ローソクの○○、えんぴつの○○。

㉔ よその国のこと。

㉖ パジャマのこと。

㉗ 熊本県のゆるキャラ。

クロスワード8×8マス ④

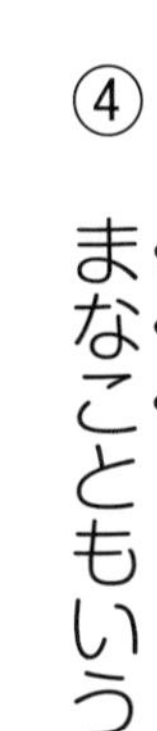

名前

月　日

タテのかぎ

① 折り紙などで作って飛ばす。

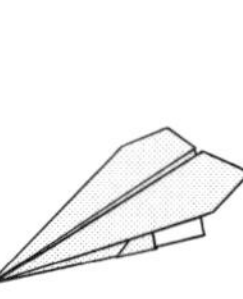

② 日本の昔の国名。

③ いろいろなものをくくる。

④ まなこともいう。

⑤ ハズレのこと。

⑥ 川やぬまにいる小さい貝。おみそしるに入れたりします。

⑩ 中にアンコのはいったおかし。

⑫ 日本の国内で作ったもの。○○○○の牛。

⑭ カタツムリも○○の仲間。

⑮ しずんでいく太陽のこと。

⑰ 春の○○○○、秋の○○○。○○○○がゆ。

⑲ 運が良いこと。

⑳ ○○○園は、子どもを育てるところ。

㉑ 教科の一つ。

ヨコのかぎ

① 竹の中から生まれた女の子。

⑤ まき○゛○、いなり○゛○、にぎり○゛○などがある。

⑦ 「悪(あく)ま」のこと。

⑧ これで船の進む方向をかえる。

⑨ 台所が火事の○○○だった。

⑪ 糸をつけて空高くあげるもの。

⑬ ○○薬、○○ミルクなどがある。

⑭ 雪で作ったほらあな。

⑯ 元気のないようす。○○○○顔。

⑱ 春には、お花見をする。鹿児島(かごしま)の○○○島(じま)。

⑳ 今日のこと。

㉑ カタツムリの仲間の貝はどこにいる。

㉒ 太陽と○○。

㉓ 主に、雨ふりに使うが、よく晴れた日にも、使うことがある。

㉔ 秋に実がなり、○○ごはんはおいしい。

クロスワード8×8マス ⑤

名前

月　日

タテのかぎ

① お正月に「天まで届け」といって、高く上げる遊び。

② かわらぶき、わらぶき、トタンぶきなどがある。

③ 古いやり方をやめて、新しいやり方をすすめること。

④ 酒やしょう油やつけ物を入れておくもの。

⑤ 陸から近い海。

⑦ 土地の表面。

⑨ 道に水をまきながら走る車。

⑭ 冬になると、山おくのほら穴で冬みんするといわれている。

⑯ 神社で神に仕える女の人。

⑱ 細長い、とう明に近い魚。

⑲ さく・へいなどで、取り巻く。

⑳ 顔が赤くて、鼻がとても長い昔の人が考えたかい物。

㉒ 和歌山や静岡のものが有名。果物。

㉔ アン○○、ジャム○○、メロン○○などがある。

①		②	③	■	④○		⑤
	■	⑥		⑦		■	
⑧	⑨	■	⑩		■	⑪	○
⑫	○	■	⑬		⑭	■	
■	⑮	⑯		■	⑰	⑱	■
⑲			■	⑳	■	㉑	㉒○
㉓		■	㉔			■	
㉕				○	■	㉖○	

あなたは□□□を□□□？

○の字を入れ、文を作りましょう。

ヨコのかぎ

① 中にあんこを入れて、魚の形に焼いたおかし。

④ かたから背中へななめにかけるひも。ハチマキと○○○。

⑥ 心の中でいのること。

⑧ ○○焼け、夕焼け。

⑩ してはいけないこと。

⑪ 勉強の中の一科目。○○室。

⑫ ギターやバイオリンの○○。

⑬ 印刷するときに使う。

⑮ すんでいるところ。

⑰ たきぎ。

⑲ この虫のまゆから、絹の糸を作る。がの幼虫。

㉑ 習字のときに、これで黒い字を書く。

㉓ 足とどうをつないだ部分。

㉔ 中国のおく地にすむ動物で、ささが好物。

㉕ 耳につけるかざり。

㉖ 空のこと。○国。

クロスワード8×8マス ⑥

名前

月　日

タテのかぎ

① 名たんていコナンなどをかく人。

② 水が高いところから、流れ落ちている。

③ 国の大本(おおもと)になる決まり。

⑤ これをつけて、顔をかくす。

⑥ 魚のタイの仲間。

⑩ これでぼうしを編(あ)んだりする。○○○○ぼうし。

⑪ 自転車の空気がぬけた。

⑭ まものを近づけないためにかざるもの。神社などにある。

⑮ 規則(きそく)のこと。

⑰ お○○様。

⑯ 季節の一つ。

⑲ 節分の日に○○○巻(ま)きをかじる。

㉑ 病気をちりょうする人。

㉒ 植物の体で、葉がつくところ。

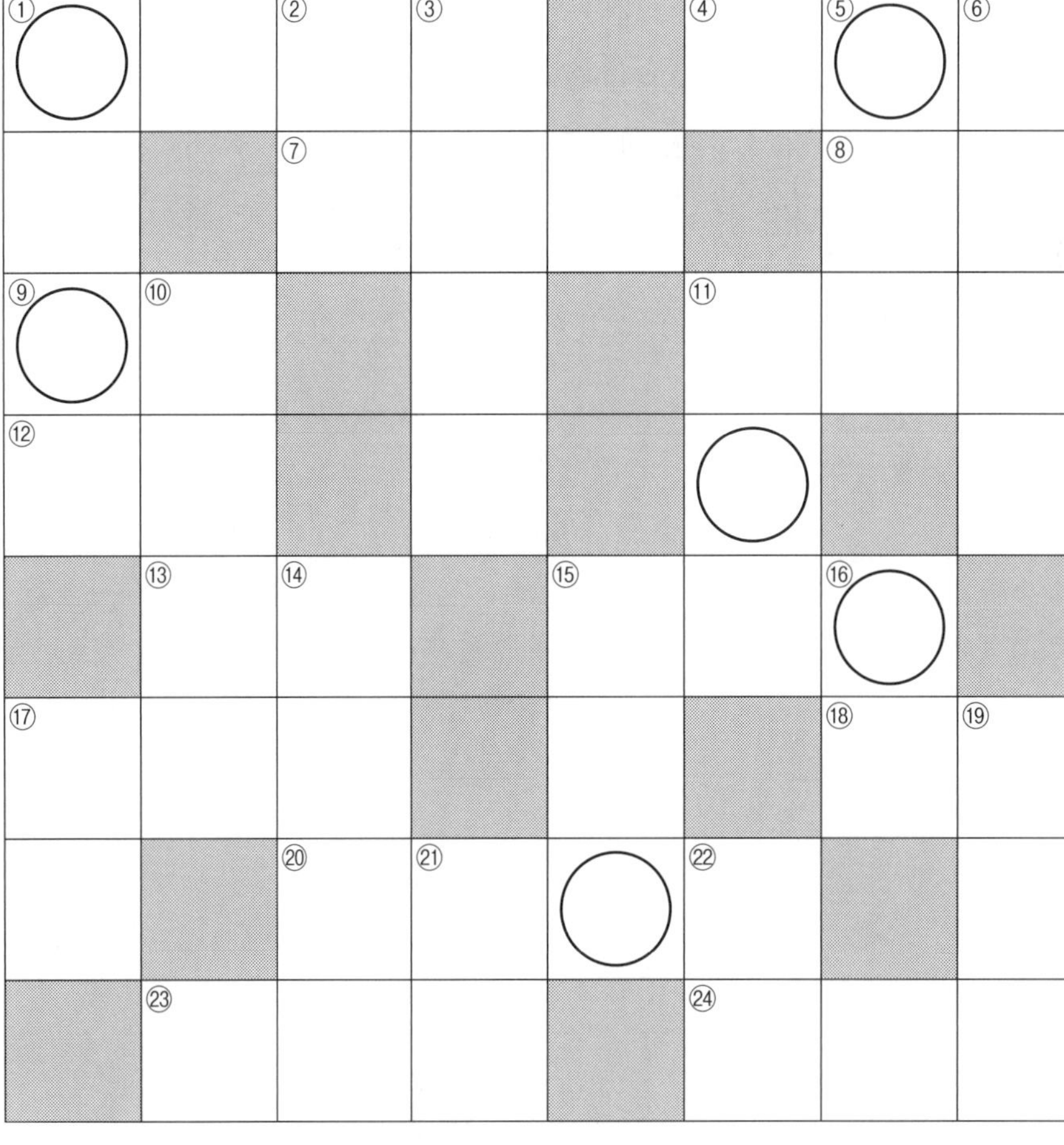

わたしは□□□□に□□たい

○の字を入れ、文を作りましょう。

ヨコのかぎ

① 値段(ねだん)の高いキノコ。日本ではあまりとれなくなった。

④ 東京や大阪のような大きな町。

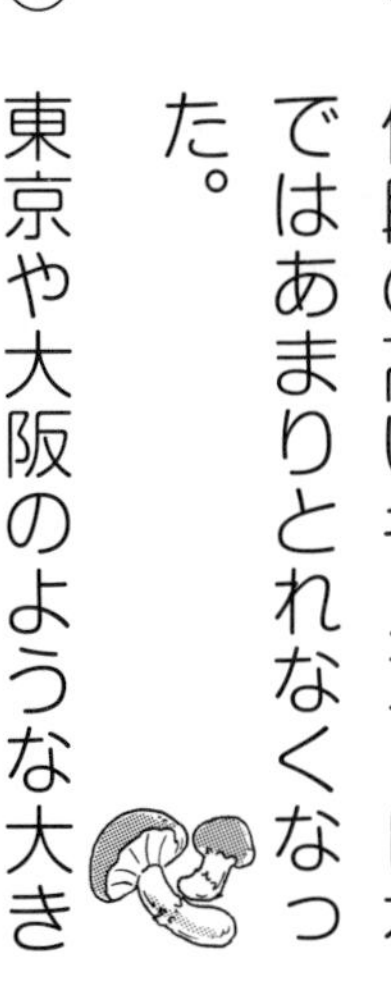

⑦ 大阪や京都はこの地方にある。

⑧ ご飯のこと。

⑨ よくかんで味わうおかし。

⑪ 中国のおく地にすむ、ささを食べる動物。

⑫ タテの○○、ヨコの○○。

⑬ 日本で昔から作られてきた紙。

⑮ 春(しゅん)ぎくともいって、なべ料理によく入れる野菜。

⑰ カレイとよく似(に)ている魚。海底の砂地(すなじ)に多くいる。

⑱ お年寄(よ)りが歩くときにたよる。

⑳ 海からはなれているところ。沿岸(えんがん)の反対。

㉓ ○○○雲。

おにがいやがる小さい魚。

㉔ こうあってほしいと願うこと。

高学年　答え

【P.3】
◎仲間はずれはどれ？　①

❀
①ちらちら　②勝星
③配達　④正味
⑤すらっと　⑥意志
⑦うるわしい　⑧うかがう
⑨念仏　⑩風習
⑪高地　⑫保険

【P.4】
◎仲間はずれはどれ？　②

[1]
①はじける　②味覚
③関白　④景品
⑤入用　⑥夜中
⑦楽観　⑧ぬかるみ

[2] 人
①(は)　②(み)　③(か)　④(け)
⑤(に)　⑥(よ)　⑦(ら)　⑧(ぬ)

【P.5】
◎接頭語・接尾語　①

[1]
①㋑　②㋐　③㋒
④㋒　⑤㋑　⑥㋒
⑦㋑　⑧㋒　⑨㋐

[2]
①小高い　㋒
②素足　㋑
③たやすい　㋐

[3]
①不合格　②不自然
③非常　④未成年
⑤未完成　⑥無農薬

【P.6】
◎接頭語・接尾語　②

[1]
①㋐　②㋑　③㋑
④㋒　⑤㋓　⑥㋒
⑦㋑　⑧㋑　⑨㋐

[2]
①俳**人**　②君**子**　③詩**人**
④若**者**　⑤画**家**　⑥国**民**
⑦落語**家**　⑧電**化**　⑨漁**師**
⑩飛行**士**　⑪投**手**　⑫化学**者**

【P.7】
◎接頭語・接尾語　③

[1]
①**非**公式　②**未**完成　③**未**熟　④**非**売品
⑤**非**常口　⑥**未**解決　⑦**非**情　⑧**非**力
⑨**非**難　⑩**未**来　⑪**未**定　⑫**非**行
⑬**未**然　⑭**未**満　⑮**非**合法　⑯**未**知

[2]
①師　②士　③家
④化　⑤者

【P.8】
◎和語・漢語・外来語　①

[1]
①(か)　②(外)　③(わ)
④(か)　⑤(わ)　⑥(外)

[2]
①周囲　②意見　③開花
④救助　⑤口実　⑥中止

[3]
① ㋐(か) げんや　㋑(わ) のはら
② ㋐(わ) しなもの　㋑(か) ぶっぴん

【P.9】
◎和語・漢語・外来語　②

[1]
和語…名札　川上　食べ物
漢語…北極　植物　救助

[2]
① 和語 かざぐるま　漢語 フウシャ
② 和語 ねいろ　漢語 オンショク
③ 和語 あまみず　漢語 ウスイ
④ 和語 まきば　漢語 ボクジョウ
⑤ 和語 いろがみ　漢語 シキシ
⑥ 和語 うちうみ　漢語 ナイカイ

[3]
①コマーシャル　②スプーン
③スープ　④テーブル
⑤グラウンド　⑥ピッチャー

【P.10】
◎和語・漢語・外来語　③

❀
①㋗　②㋑
③㋐　④㋕
⑤㋘　⑥㋛
⑦㋙　⑧㋒
⑨㋚　⑩㋖
⑪㋔　⑫㋓

【P.11】
◎外来語で遊ぼう

[1] 虫

カ	チ	ナ	マ	ア	ミ	ニ	ケ
タ	ム	コ	ー	ド	レ	ス	ン
ネ	ハ	イ	ヒ	ベ	フ	イ	ヌ
キ	メ	ン	モ	ン	ヤ	ー	イ
ヘ	ホ	キ	ッ	チ	ン	ツ	リ
ラ	ウ	ル	ノ	ヤ	エ	オ	ベ
ク	ワ	ン	レ	ー	ト	ラ	ン
ツ	ラ	ギ	ャ	グ	ソ	ロ	チ

[2] 田

ワ	ア	ク	セ	サ	リ	ー	キ
イ	ウ	チ	ト	ス	ス	セ	ヤ
ウ	ト	ネ	テ	ペ	シ	ソ	ン
エ	ド	ッ	ク	ン	ポ	ン	ド
コ	ア	ヌ	ツ	ス	サ	タ	ル
ケ	ラ	ノ	チ	リ	ラ	ル	マ
ク	ー	ニ	タ	ル	ロ	レ	ナ
キ	ム	マ	ネ	ー	ジ	ャ	ー

【P.12】
◎勉強４マス　①

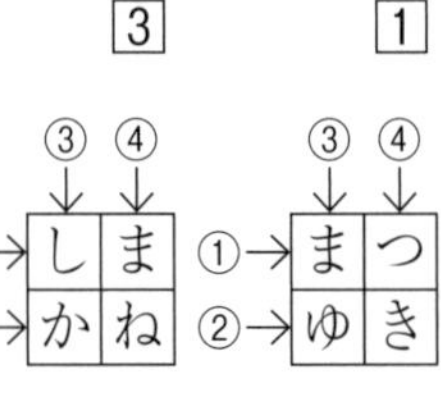

[1]

	③	④
①	ま	つ
②	ゆ	き

[3]

	③	④
①	し	ま
②	か	ね

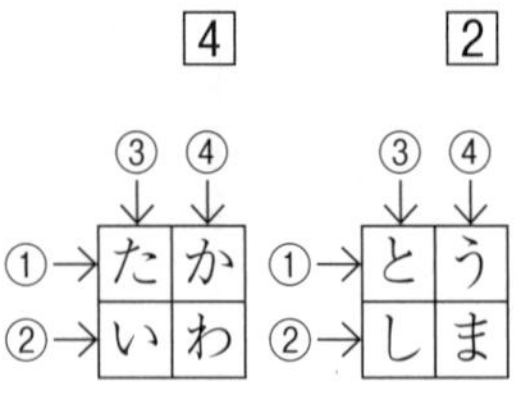

[2]

	③	④
①	と	う
②	し	ま

[4]

	③	④
①	た	か
②	い	わ

【P.13】
◎勉強4マス ②

1

	③↓	④↓
①→	あ	さ
②→	か	い

2

	③↓	④↓
①→	い	た
②→	し	き

3

	③↓	④↓
①→	こ	ま
②→	い	き

4

	③↓	④↓
①→	は	か
②→	え	き

【P.14】
◎勉強4マス ③

1

	③↓	④↓
①→	あ	か
②→	お	い

2

	③↓	④↓
①→	う	ま
②→	た	い

3

	③↓	④↓
①→	か	ま
②→	な	え

4

	③↓	④↓
①→	か	め
②→	い	し

【P.15】
◎辞書で遊ぼう ①

1 (例)

① たこ → こい → いわ → わに
② はと → とまと → とり → りす
③ すすき → ききょう → うみ → みどり
④ ぎゅうにく → くり → りんご → ごま

2 (例)

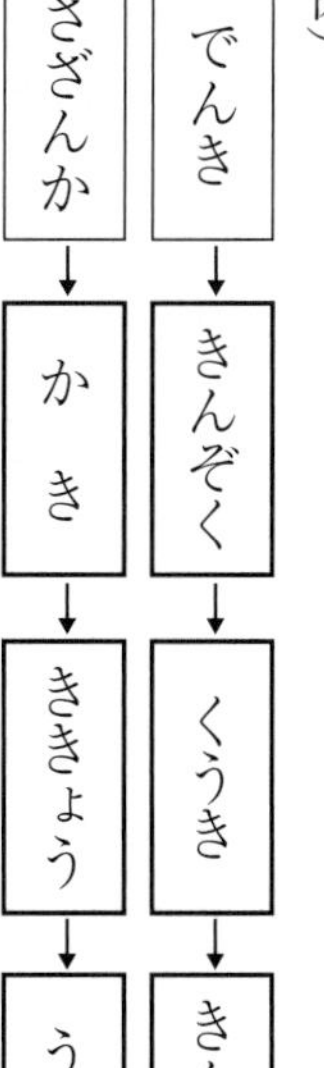
① でんき → きんぞく → くうき → きんせい
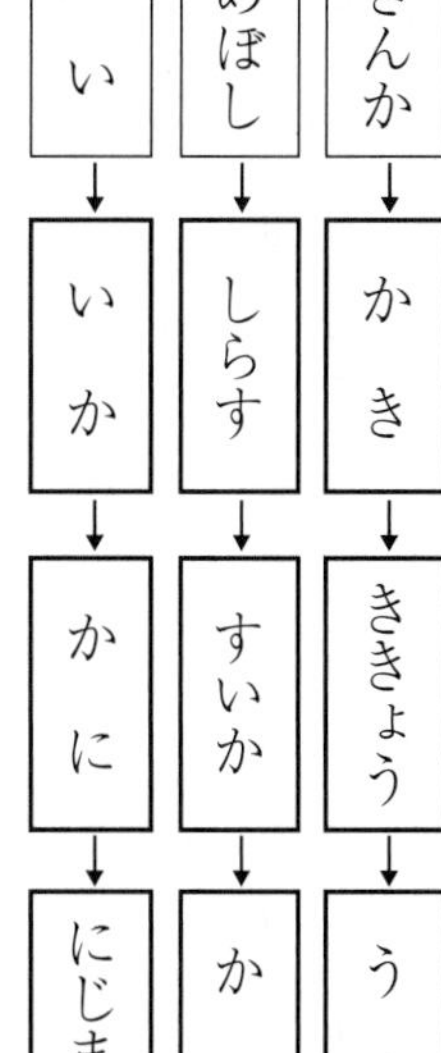
② さざんか → かき → ききょう → うめ
③ うめぼし → しらす → すいか → かぶ
④ たい → いか → かに → にじます

【P.16】
◎辞書で遊ぼう ②

1 (例)

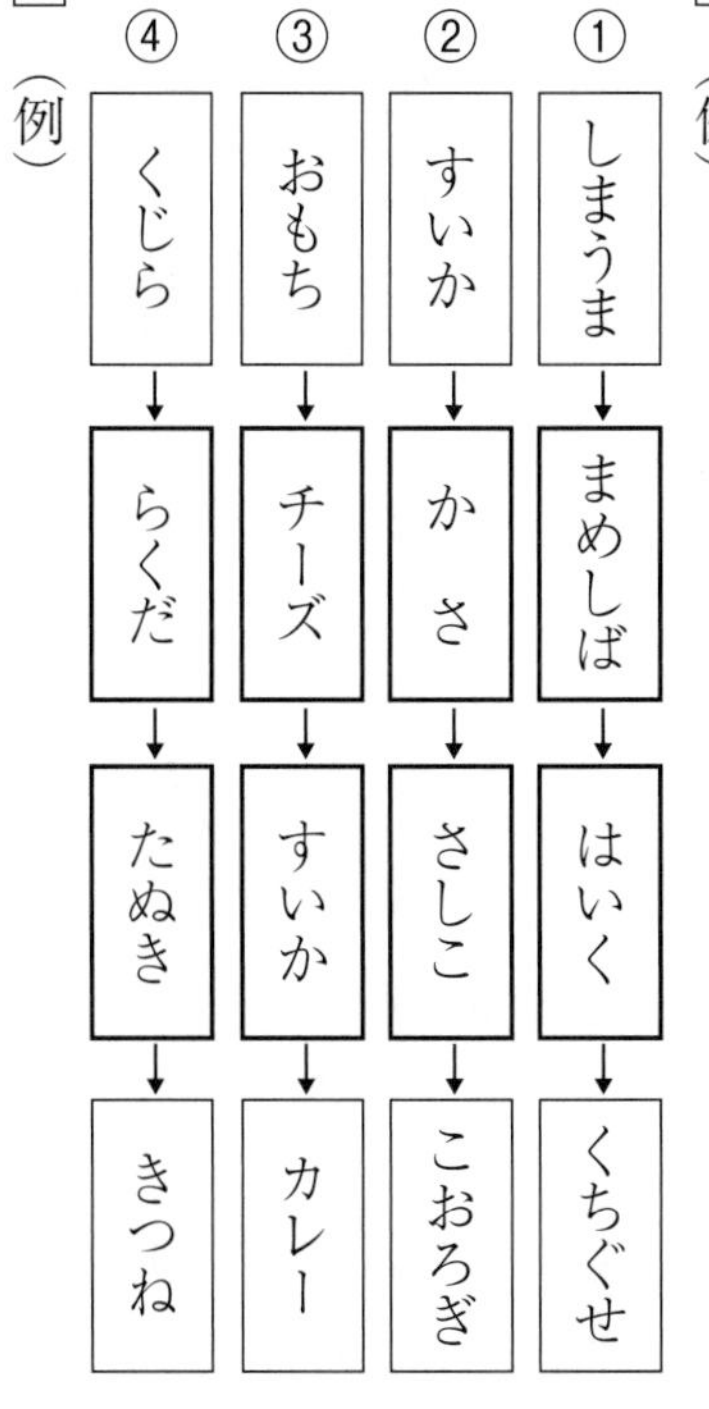
① しまうま → まめしば → はいく → くちぐせ
② すいか → かさ → さしこ → こおろぎ
③ おもち → チーズ → すいか → カレー
④ くじら → らくだ → たぬき → きつね

2 (例)

① まんが → かつれつ → つきゆび → ビール
② あたま → まけ → けんこう → うみ
③ いか → かき → きんぎょ → ようじ
④ つばさ → さいく → くうき → きのめ

【P.17】
◎辞書で遊ぼう ③

❀ ① ○ はんこ…木や石などに名前をほり、しゅにくをつけて、その人のしるしとして書類などにおすもの。
印かん…はんこ。はん。
② ○ 快晴…気持ちよく晴れわたっていること。
日本晴れ…よく晴れて雲一つないこと。
③ × 衛星…わく星のまわりをまわる星。
わく星…太陽のまわりを決まった道すじでまわっている星。
④ △ パズル…考えて問題をとく遊び。なぞなぞ。
クイズ…質問を出して、それに答えさせる遊び。なぞなぞ。
⑤ × ひょう…夏、らい雨のときなどに降ってくる、つぶになった氷のかたまり。
あられ…空気中の水蒸気が冷えてかたまり、小さな氷のつぶとなって降ってくるもの。
⑥ × かるた…遊びに使う長四角の厚紙。表に絵や言葉などをかいた札。
百人一首…百人の歌人の和歌を一つずつ選んで集めたもの。また、それを書いてかるたにしたもの。

【P.18】
◎ある・なしクイズ ①

❀ ① つの(角) ② 昔話(ももたろう)
③ 星座 ④ まく
⑤ 春の七草 ⑥ さす

【P.19】
◎ある・なしクイズ ②

❀ ① あな ② そば
③ 個 ④ クリーム
⑤ 春 ⑥ かける

【P.20】
◎ある・なしクイズ ③

❀ ① 車 ② 魚
③ 雲 ④ 虫
⑤ 十二支 ⑥ 海のある県

【P.21】
◎漢字パズル ①

❀ ① 飯 ② 効 ③ 在 ④ 覚
⑤ 親 ⑥ 放 ⑦ 訪 ⑧ 限

【P.22】
◎漢字パズル ②

❀ ① 料 ② 紀 ③ 放 ④ 改
⑤ 情 ⑥ 計 ⑦ 清 ⑧ 池
⑨ 決 ⑩ 柱

【P.23】
◎送りがな ①

1
① 飛(と)
- ア ば ない
- イ び ます
- ウ ぶ 。
- エ べ ば
- オ ぼ う

② 動(うご)
- ア か ない
- イ き ます
- ウ く 。
- エ け ば
- オ こ う

③ 比(くら)
- ア べ ない
- イ べ ます
- ウ べる 。
- エ べれ ば
- オ べろ !

2
① 備 そなえる そなわる
② 従 したがう したがえる
③ 割 わる われる
④ 起 おこす おきる

3
① 降 おりる ふる
② 入 いれる はいる
③ 下 くだる さがる
④ 生 いきる うまれる
⑤ 着 つく きる
⑥ 食 たべる くう
⑦ 暗 くらい
⑧ 痛 いたい
⑨ 明 あかるい あける
⑩ 細 こまかい ほそい
⑪ 冷 つめたい ひえる
⑫ 少 すくない すこし

【P.24】
◎送りがな ②

1 ① 営む ② 信じる ③ 慣れる ④ 告げる ⑤ 備える ⑥ 探す ⑦ 比べる ⑧ 近づく ⑨ 望む ⑩ 決める

2 ① 易しい ② 元気だ ③ 久しい ④ 明らかだ ⑤ 幸せ ⑥ 答え

3 ① 聞かない ② 急がない ③ 運ばない ④ 長くない ⑤ 美しくない ⑥ 静かでない

【P.25】
◎漢字の部首 ①

1 ① 亻 ② 弓 ③ 氵 ④ 辶 ⑤ 月 ⑥ 木 ⑦ 禾 ⑧ 言

2 ① 丁 ちょう ② 己 き ③ 圣 けい ④ 反 はん

【P.26】
◎漢字の部首 ②

1
① 反 はん はん ばん 返 へん
② 主 ちゅう ちゅう 住 じゅう
③ 周 ちょう 週 しゅう しゅう
④ 干 かん かん かん 岸 がん
⑤ 青 せい せい せい 情 じょう 精 しょう
⑥ 生 せい せい せい
⑦ 行 こう こう 行 ぎょう ぎょう
⑧ 工 こう こう こう 空 くう

2 ① 救・球 ② 径・経 ③ 浴・容 ④ 敵・適 ⑤ 腹・復 ⑥ 検・険

【P.27】
◎漢字の訓読み(同訓異字) ①

1 ① ア 円 イ 丸 ② ア 会 イ 合 ③ ア 暑 イ 熱 ④ ア 冷 イ 覚 ⑤ ア 変 イ 代 ウ 買

2 ① 建・立 ② 早・速 ③ 治・直 ④ 初・始 ⑤ 放・話

【P.28】
◎漢字の訓読み(同訓異字) ②

1
① ア 暑い イ 厚い ウ 熱い ― あ 本を買う い お茶を飲む う 夏の午後（ア―う、イ―あ、ウ―い）
② ア 家を イ 窓を ウ 夜が ― あ 明ける い 開ける う 空ける（ア―う、イ―い、ウ―あ）
③ ア ふくろの重さを イ 遊んだ時間を ウ 山の高さを ― あ 計る い 量る う 測る（ア―い、イ―あ、ウ―う）
④ ア 気が イ 家が ウ 交際を ― あ 絶つ い 立つ う 建つ（ア―い、イ―う、ウ―あ）

2 ① ア 破れる イ 敗れる ② ア 止まる イ 留まる ③ ア 現す イ 表す ④ ア 説く イ 解く ⑤ ア 務める イ 努める ⑥ ア 混じる イ 交じる

【P.29】
◎漢字の音読み(同音異義語)

1 ① 志 ② 採 ③ 感 ④ 態 ⑤ 季 ⑥ 要 ⑦ 議 ⑧ 針

2 ① 回 ② 好 ③ 解 ④ 化 ⑤ 性 ⑥ 生 ⑦ 局 ⑧ 配

【P.30】
◎同音異義語(ダジャレ) ①

1 ① 協議 ② 用意 ③ 低下 ④ 事態 ⑤ 児童 ⑥ 映画

2 ① 高価 ② 過程 ③ 修正 ④ 完成 ⑤ 寄港 ⑥ 公演

【P.31】

◎同音異義語（ダジャレ）②

1 ①事故　②伝記　③資料　④氏名　⑤行動　⑥期待

2 （例）
①読書する習慣を身につける週間です。
②官製のはがきが完成した。
③高価な商品を売り、売り上げが効果的に上がった。
④起立・礼・着席と声をかけ、規律ある生活をする。

【P.32】

◎同音異義語（ダジャレ）③

❀ ①帰省・規制　②気候・寄港・紀行　③公園・公演　④防風・暴風　⑤酸性・賛成　⑥聖書・清書

【P.33】

◎漢字の特別な読み方 ①

1 ①たなばた　②たち　③もみじ　④あずき　⑤めがね　⑥やおや　⑦かわら　⑧しない

2 ①あま　②つゆ　③いなか　④しぐれ　⑤むすこ　⑥しわす

【P.34】

◎漢字の特別な読み方 ②

1 ①ふぶき　②えび　③かげろう　④かぐら　⑤つくし　⑥じょうず　⑦ゆり　⑧へた

2 ①けさ　②しみず　③くだもの　④まいご　⑤だし　⑥はつか

【P.35】

◎漢字の特別な読み方 ③

1 (1) ①今日—㋒きょう　②今朝—㋑けさ　③川原—㋐かわら
(2) ①友達—㋒ともだち　②雑魚—㋐ざこ　③二十日—㋑はつか
(3) ①二十才—㋑はたち　②八百屋—㋒やおや　③梅雨—㋐つゆ
(4) ①笑顔—㋑えがお　②素人—㋒しろうと　③海原—㋐うなばら

2 ①真っ青　②博士　③部屋　④飛鳥　⑤一昨日　⑥真っ赤　⑦清水　⑧主人　⑨明日　⑩二人

【P.36】

◎熟語の組み立て ①

1 男女　勝負　苦楽　進退　高低

2 禁止　豊富　救助　絵画　永久

3 ①強**敵**　②**鉄**橋　③海**底**　④時**報**　⑤魚**群**　⑥**気**圧　⑦**直**営　⑧**古**都

4 ①**帰**国　②入**院**　③**預**金　④**読**書　⑤**乗**馬　⑥消**毒**　⑦**退**職　⑧投**票**

【P.37】

◎熟語の組み立て ②

1 ①作曲　さっきょく　②無情　むじょう　③静養　せいよう　④開園　かいえん　⑤新米　しんまい　⑥着席　ちゃくせき　⑦加熱　かねつ　⑧校門　こうもん　⑨得点　とくてん

2 ①科学　かがく　②学力　がくりょく　③上陸　じょうりく　④力走　りきそう　⑤海外　かいがい　⑥始終　しじゅう　⑦下落　げらく　⑧個別　こべつ

【P.38】

◎複合語 ①

1 (1) ①読み—㋑書き　②夏—㋒休み　③ピアノ—㋐教室
(2) ①春—㋒風　②ショート—㋑ケーキ　③ラジオ—㋐体操

2 ①心細い　②消しゴム　③暑苦しい　④流れ星　⑤山登り　⑥受け取る

3 ①年賀＋はがき　②製糸＋工場　③飛ぶ＋上がる　④借りる＋物＋競走

【P.39】

◎複合語 ②

1 ㋐筆箱　㋑綿織物　㋒昼休み　㋓遠洋漁業　㋔総合問題　㋕窓ガラス
（㋑㋒、㋓㋔㋕ 順不同）

2 ①雨雲　あまぐも　②風車　かざぐるま　③船旅　ふなたび　④草花　くさばな　⑤鼻血　はなぢ　⑥自由形　じゆうがた

3 ①㋓　②㋐　③㋒　④㋔　⑤㋑　⑥㋕

【P.40】

◎三字・四字熟語

1 ①大　②紙　③者　④地　⑤低　⑥口　⑦新　⑧夜

2 ①学校　②定規　③旅行　④動物　⑤一首　⑥予報　⑦辞典　⑧安全

【P.41】

◎四字熟語 ①

1
① 十　じゅうにんといろ　㋓
② 四　しくはっく　㋒
③ 千　いちじつせんしゅう　㋔（いちにちせんしゅう）
④ 二　いっせきにちょう　㋑
⑤ 一　しんきいってん　㋐

2
① 前代　㋐　② 自得　㋑
③ 応変　㋓　④ 事実　㋔
⑤ 意気　㋒

【P.42】

◎四字熟語 ②

❀
① 右往左往　うおうさおう
② 油断大敵　ゆだんたいてき
③ 完全無欠　かんぜんむけつ
④ 絶体絶命　ぜったいぜつめい
⑤ 自給自足　じきゅうじそく
⑥ 百発百中　ひゃっぱつひゃくちゅう

【P.43】

◎四字熟語 ③

❀
① 短　いっちょういったん　㋕
② 始　いちぶしじゅう　㋒
③ 退　いっしんいったい　㋐
④ 雨　せいこううどく　㋗
⑤ 有　ゆうめいむじつ　㋖
⑥ 寒　さんかんしおん　㋔
⑦ 答　じもんじとう　㋑
⑧ 弱　じゃくにくきょうしょく　㋓

【P.44】

◎四字熟語 ④

❀
① 東　ここんとうざい　㋔
② 若　ろうにゃくなんにょ　㋒
③ 小　だいどうしょうい　㋕
④ 伝　いしんでんしん　㋐
⑤ 見　ひゃくぶんいっけん　㋗
⑥ 大　しんしょうぼうだい　㋖
⑦ 疑　はんしんはんぎ　㋓
⑧ 行　ゆうげんじっこう　㋑

【P.45】

◎四字熟語 ⑤

1
① 両　② 発　③ 生
④ 文　⑤ 自　⑥ 言

2
① 破、一　② 油、大
③ 田、水　④ 馬、風

【P.46】

◎漢字クロス ①

1
① 産　② 信　③ 成
④ 説　⑤ 戦

2
① 漁　② 共　③ 好
④ 産　⑤ 試

【P.47】

◎漢字クロス ②

1
① 失　② 種　③ 初
④ 信　⑤ 賞

2
① 節　② 戦　③ 達
④ 底　⑤ 毒

【P.48】

◎漢字クロスワード ①

1

①商	売	■	②運	動	③会
業	■	④任	命	■	議
主	■	■	⑤的	⑥中	■
⑦義	⑧理	■	■	⑨心	⑩労
■	⑪想	定	⑫外	■	働
■	■	■	科	■	者

2

①現	実	■	②事	③故	■
代	■	④運	■	⑤郷	⑥土
社	■	⑦動	⑧作	■	地
⑨会	⑩食	■	⑪文	⑫学	■
■	⑬事	務	■	⑭用	意
⑮総	会	■	⑯返	品	■

【P.49】

◎漢字クロスワード ②

1

①都	立	②図	書	③館	■
道	■	工	■	④長	⑤短
府	■	⑥室	⑦温	■	命
⑧県	⑨外	■	⑩度	量	■
■	務	■	計	■	⑪的
⑫帰	省	先	■	⑬正	確

2

①道	理		②動	植	③物
路		④豊	作		価
工		漁		⑤理	
⑥事	⑦情			⑧解	⑨説
	⑩報	道	⑪局		得
⑫電	化		部		力

【P.50】

◎漢字クロスワード ③

1

	①人	間	②国	宝
③似	形		立	
顔			④公	害
⑤絵	⑥画		園	
	用			
	⑦紙	⑧飛	行	⑨機
		車		転

2

		①百	人	一	②首
③絶		科			相
④交	通	事	故		
		典			
			⑤正	反	⑥対
⑦好		⑧阪			面
⑨運	動	神	経		式

縦⑦好運は幸運でもよい。

【P.51】

◎パズル ①

(1) ①ねずみ ②うし ③とら ④うさぎ ⑤たつ ⑥へび ⑦うま ⑧ひつじ ⑨さる ⑩にわとり ⑪いぬ ⑫いのしし

(2)

に	わ	と	り	き	へ	ひ
た	つ	ら	ね	す	み	つ
う	さ	き	い	の	し	し
し	る	り	ぬ	う	ま	ん

(3) きりん

【P.52】

◎パズル ②

(1)

く	こ	き	よ	う	ふ
す	す	き	は	く	し
ほ	す	よ	こ	り	は
と	な	う	へ	せ	か
け	す	す	し	ろ	ま
の	な	て	し	こ	り
さ	し	え	な	み	お

(2) くり

【P.53】

◎なぞなぞ・なぞかけ ①

①からばこ ②しゃべる ③イカ ④ガタガタ ⑤アヤトリ ⑥せきとり ⑦ウグイス ⑧かきとり ⑨めがね屋 ⑩ピーターパン

【P.54】

◎なぞなぞ・なぞかけ ②

1 ①洋服屋 ②牛どん ③うらめしや ④寒い

2 ①ダイヤ ②ハワイ ③スイカ ④バッテリー

【P.55】

◎なぞなぞ・なぞかけ ③

①ももたろう ②きじ ③人気歌手 ④すもう ⑤トラック ⑥行列

【P.56】

◎迷路遊び ①

スタート
マネー
マナー
ビーチ
ランニング
モーニング
リラックス
トラベル
トラブル
デラックス
ゴール

【P. 57】
◎迷路遊び ②

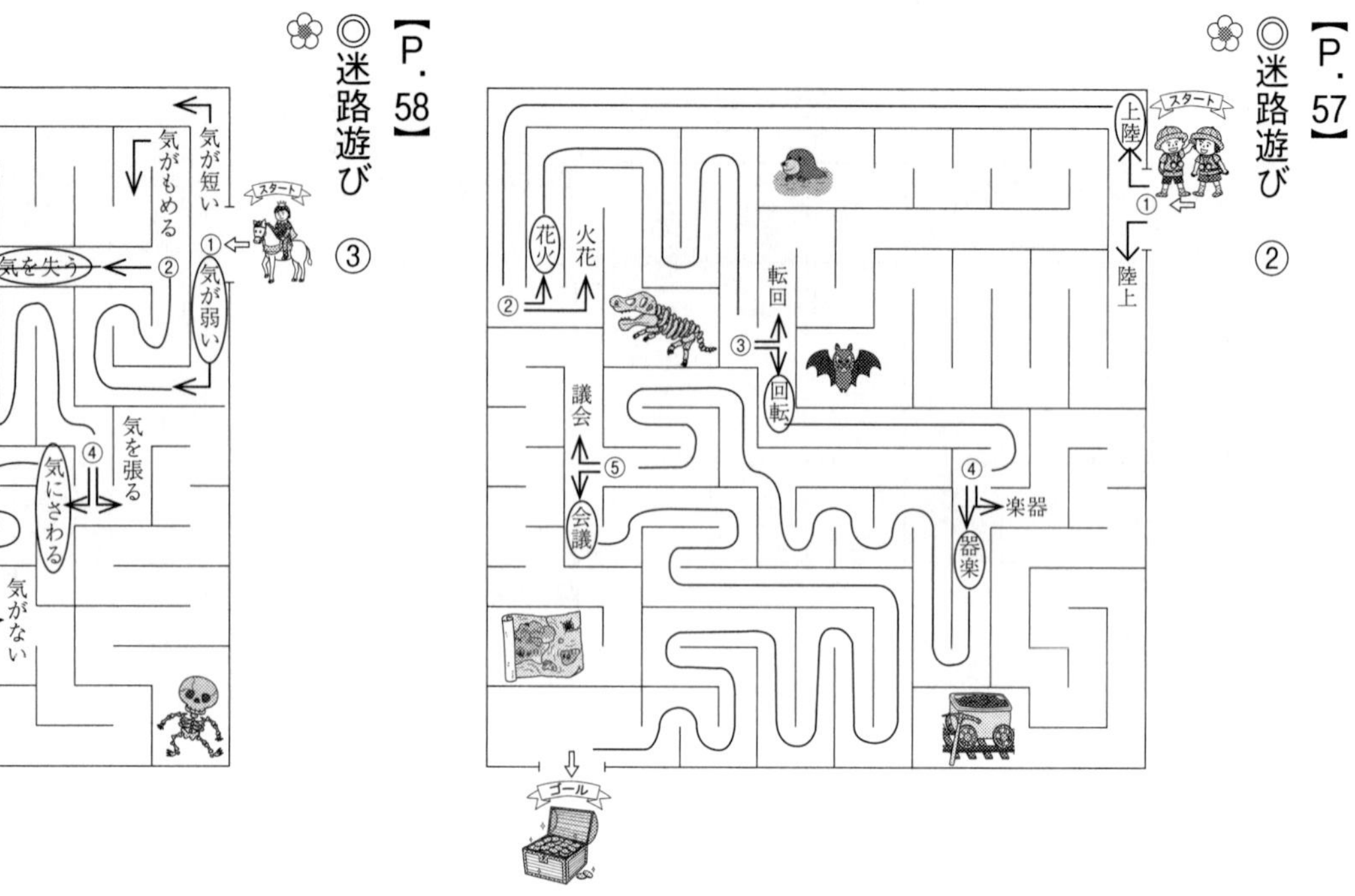

【P. 58】
◎迷路遊び ③

【P. 59】
◎迷路遊び ④

【P. 60】
◎わらべ歌

1 ① カエル ② ほたる ③ イナゴ ④ 千鳥 ⑤ なわ

2 ① 日光 ② 信濃 ③ 出雲 ④ 奈良 ⑤ 大和 ⑥ 高野 ⑦ 東京

【P. 61】
◎あやしい回文

① **しんぶんし** ② **みるくとくるみ**
③ 竹やぶ**やけた** ④ 中崎屋の**やきざかな**
⑤ 関係ない**けんか** ⑥ 私、**負けましたわ**
⑦ 泣くなこねこよ、**こねこなくな**
⑧ ダンス**がすんだ**

【P. 62】
◎慣用句 ①

① ㋕ ② ㋓ ③ ㋐ ④ ㋒ ⑤ ㋑ ⑥ ㋔

【P. 63】
◎慣用句 ②

1 ① 足 ② 手 ③ 目 ④ 鼻 ⑤ 口 ⑥ 首

2 ① うなぎ ② 花 ③ きつね ④ ねこ ⑤ ねずみ ⑥ 竹

【P. 64】
◎慣用句 ③

1 ① ㋒ ② ㋔ ③ ㋓ ④ ㋕ ⑤ ㋐ ⑥ ㋑

2 ① ― ㋐ ② ― ㋒ ③ ― ㋑

3 ① 馬 ② 図 ③ 実

【P. 65】
◎慣用句 ④

① ㋕ ② ㋑ ③ ㋓ ④ ㋐ ⑤ ㋒ ⑥ ㋔

【P. 66】
◎ことわざ ①

① 頭 ㋑ ② 石 ㋕ ③ 絵 ㋐ ④ えび ㋓ ⑤ 力持 ㋒ ⑥ おに ㋔

【P. 67】
◎ことわざ ②

1 ① 二 ② 百 ③ 十 ④ 三 ⑤ 五

2 ① ねこ ② さる ③ いぬ ④ ぶた ⑤ うま

【P. 68】
◎故事成語 ①

1 ① ㋒ ② ㋓ ③ ㋑ ④ ㋐

2 ① ㋑ ② ㋐ ③ ㋒

【P. 69】
◎故事成語 ②

1 ① ㋑ ② ㋒ ③ ㋐

2 ① 矛盾 ② 五十歩百歩

③ 蛇足　④ とらの威を借るきつね

【P．70】
◎クロスワード6×6マス　①

①う	ん	②ど	③う	か	④い
し		⑤て	ら		い
⑥わ	⑦に		⑧み	⑨し	ん
⑩か	し	⑪わ		ん	
ま		⑫か	⑬も	し	⑭か
⑮る	す	ば	ん		ご

【P．71】
◎クロスワード6×6マス　②

①す	き	②や	③き		④あ
い		⑤さ	く	⑥し	や
⑦か	⑧れ	い		⑨い	す
	ん		⑩か	た	
⑪し	こ	⑫く		⑬け	⑭さ
⑮か	ん	し	や		め

【P．72】
◎クロスワード6×6マス　③

①い	ち	②り	ん	③し	④や
し		す		⑤け	さ
⑥や	⑦ま		⑧た	ん	い
⑨き	き	⑩て			い
い		⑪き	⑫ふ		た
⑬も	ち		⑭し	ん	め

【P．73】
◎クロスワード6×6マス　④

①あ	お	②ぞ	③ら		④き
ま		⑤う	つ	⑥ぶ	せ
⑦や	⑧ご		⑨こ	ん	き
⑩ど	う	か		す	
⑪り	か		⑫こ	う	⑬ち
	⑭い	し	や		え

【P．74】
◎クロスワード8×8マス　①

①ら	ん	②ど	③せ	る		④く	⑤せ
ん		⑥ぶ	い		⑦い	さ	ん
⑧に	ら		⑨か	⑩に		⑪き	た
ん		⑫で		⑬し	⑭ま		く
⑮ぐ	⑯ら	ん	⑰ど		⑱つ	⑲ば	き
	⑳つ	き	よ		㉑た	ら	
㉒た	こ		㉓め	㉔り	け	ん	㉕こ
い		㉖や	き	ん		㉗す	し

【P．75】
◎クロスワード8×8マス　②

①た	い	②そ	③う	④ふ	く		⑤ま
こ		⑥り	き	し		⑦く	り
⑧や	⑨ま		⑩わ	ぎ	⑪ゆ	う	
⑫き	い	⑬ろ			⑭き	こ	⑮り
	⑯ご	う	⑰か	⑱い		⑲う	ん
⑳た		㉑そ	つ	け	つ		ご
㉒い	㉓こ	く		が		㉔う	
㉕や	し		㉖か	き	ご	お	り

【P．76】
◎クロスワード8×8マス　③

①あ	ほ	②う	③ど	④り		⑤さ	⑥い
ま		⑦り	か	し	⑧つ		も
⑨が	⑩す		ん		⑪め	⑫も	り
⑬さ	い	⑭ふ		⑮ぴ	あ	の	
	⑯れ	き	⑰し		⑱と	さ	⑲か
⑳か	ん		㉑ば	㉒ち		㉓し	ん
き		㉔が	い	こ	㉕く		た
㉖ね	ま	き		㉗く	ま	も	ん

【P.77】

◎クロスワード8×8マス ④

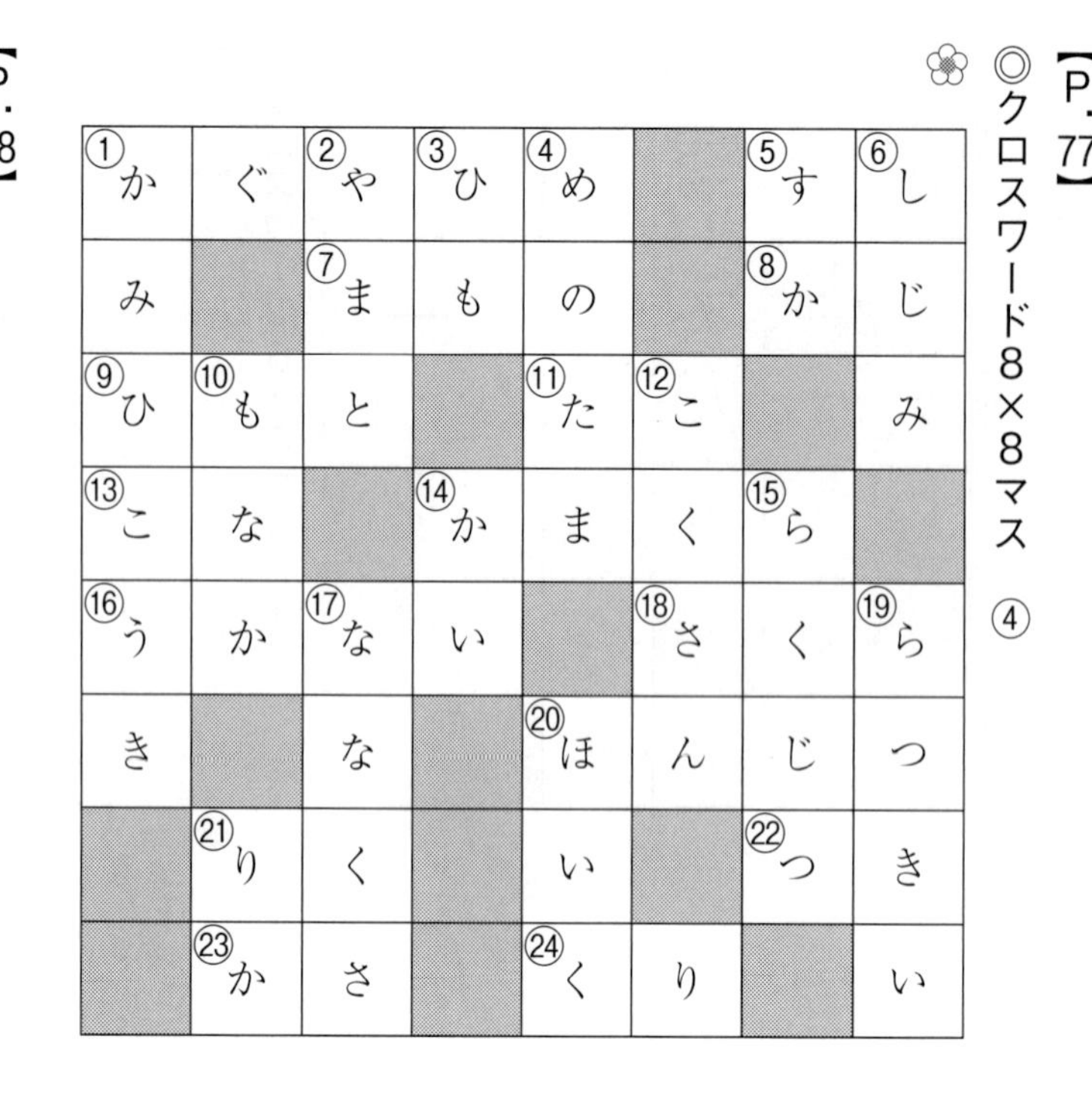

①か	ぐ	②や	③ひ	④め	■	⑤す	⑥し
み	■	⑦ま	も	の	■	⑧か	じ
⑨ひ	⑩も	と	■	⑪た	⑫こ	■	み
⑬こ	な	■	⑭か	ま	く	⑮ら	■
⑯う	か	⑰な	い	■	⑱さ	く	⑲ら
き	■	な	■	⑳ほ	ん	じ	つ
■	㉑り	く	■	い	■	㉒つ	き
■	㉓か	さ	■	㉔く	り	■	い

【P.78】

◎クロスワード8×8マス ⑤

①た	い	②や	③き	■	④た(○)	す	⑤き
こ	■	⑥ね	ん	⑦じ	る	■	ん
⑧あ	⑨さ	■	⑩だ	め	■	⑪り	か(○)
⑫げ	ん(○)	■	⑬い	ん	⑭く	■	い
■	⑮す	⑯み	か	■	⑰ま	⑱き	■
⑲か	い	こ	■	⑳て	■	㉑す	㉒み(○)
㉓こ	し	■	㉔ぱ	ん	だ	■	か
㉕い	や	り	ん	ぐ(○)	■	㉖て(○)	ん

あなたは［て｜ん｜ぐ］を［み｜た｜か］?

【P.79】

◎クロスワード8×8マス ⑥

①ま(○)	つ	②た	③け	■	④と	⑤か(○)	⑥い
ん	■	⑦き	ん	き	■	⑧め	し
⑨が(○)	⑩む	■	ぽ	■	⑪ぱ	ん	だ
⑫か	ぎ	■	う	■	ん(○)	■	い
■	⑬わ	⑭し	■	⑮き	く	⑯な(○)	■
⑰ひ	ら	め	■	ま	■	⑱つ	⑲え
め	■	⑳な	㉑い	り(○)	㉒く	■	ほ
■	㉓い	わ	し	■	㉔き	ぼ	う

わたしは［ま｜ん｜が｜か］に［な｜り］たい

ことばの習熟プリント あそび編 小学5・6年生

2023年6月10日　初版　第1刷発行

著　者　宮崎（みやざき）　彰嗣（しょうじ）、馬場田（ばばた）　裕康（ひろやす）

発行者　面屋　洋

企　画　フォーラム・A

発行所　清風堂書店

〒530-0057　大阪市北区曽根崎2-11-16

TEL 06-6316-1460／FAX 06-6365-5607

振 替　00920-6-119910

制作編集担当　蒔田　司郎

表紙デザイン　ウエナカデザイン事務所

※乱丁・落丁本はおとりかえいたします。